JN410896

김원명 시집

모란을 찾아서

문학사계

시집을 내면서

시린 바람이 겨울을 재촉하던 어느날, 아내가 홀연히 세상을 떠났다. 하늘이 무너지고 땅이 꺼지는 듯한 절망 속에서 나날을 눈물로 보내어도 아내는 다시 돌아올 수 없었다. 아무리 불러도 대답 없는 아내를 그리워하면서 살아가는 빈집의 적막한 일상이란 참으로 기가 막혔다.

주변 사람들의 많은 위로와 권유로 상심을 다스리고, 불꽃처럼 타오르는 그리움을 한 편의 글로 남기고 하늘나라 아내에게 바치고 싶었다. 오직 시詩가 희망이라는 생각으로 시를 붙들고 늘어졌다. 칠순의 나이에 시 창작 공부방을 드나들었다. 나는 시라고 써 놓고 보면 지나친 격정으로 지면은 온통 눈물로 얼룩지곤 했다. 차라리 마음 편하게 일기를 쓰고 말자는 생각도 들었으나 함께 공부하는 문우들의 따뜻한 위로와 격려로 그 고통을 용케 이겨낼 수 있었다.

시 한 편을 쓰고 고치는 데도 몇 날 몇 밤을 지새우며 얼마나 애를 태웠는지 모른다. 한 편 두 편 모아진 졸작들을 이제 부끄러움을 무릅쓰고 시집으로 발간하게 되었다.

하나님께서 나에게 주어진 시간을 더 허용하여 주신다면 다하는 그날까지 더욱 더 정진하여 한편이라도 좋은 시를 써서 다음 번의 책은 누구나 책꽂이에 떳떳하게 꽂아 놓고 읽고 싶은 부끄럼 없는 시집이 되도록 최선을 다하고자 한다.

이 책이 나오기까지 정성껏 지도해주신 교수님께 진심으로 감사 드리고 좌절할 때 격려와 위로를 아끼지 않은 여러 문우들에게도 심심한 사의를 표한다. 사랑하는 내 아이들의 염려하는 눈빛이 안도의 눈빛으로 바뀌길 바라며 그리고 어떤 경우에도 좌절하지 말고 최선을 다하면 좋은 결실을 맺을 수 있다는 것을 명심하고 살아가기 바란다.

단기 4343년(서기 2010년) 3월
서울 마포 복사골에서
김원명 씀

김원명 시집 | 차례

머리말 | 시집을 내면서

제1부 불꽃의 향기

제2부 모란을 찾아서

제3부 나무들의 이야기

제4부 바람에 묻어오는 종소리

제1부 불꽃의 향기

불의 말

구들장이 되어
당신의 방에 놓이리

그대 지친 몸 누우면
굳어진 등 풀리도록
언제나 편안한 등받이가 되리

삭신이 쑤시고 저릴 때
이리 저리 뒤척이면서도
편안한 잠 깊이 들게 하리

당신을 위해서
생 솔가지 아궁이에 지필 때
연기와 불길을 삼키며
눈물 아니 흘리고 견디리

눈보라치는 겨울날
불의 말 한 마디
시린 손발 녹이도록
아랫목 따스하게 달구리

바느질

축 늘어져 잘 채워지지 않은 단추
다시 바르게 달고 있을 때,
아내가 꽃몽오리처럼 매달아주고
좀 슬은 자국도 촘촘히 꿰매주었다.

언제나 젖은 목소리로 다가와
질퍽한 어두움도 무거운 등짐도 함께라며
켜켜이 구겨진 가슴도 맑게 닦아주던
아침 햇살 같은 모란의 눈빛.

해진 옷자락을
꿰맬까 버릴까 한참이나 망설이다
그가 남긴 바늘로 파란 하늘 쿡 찌르고
실타래 찾아 보지만
짓물러진 꽃자국은 기울 수가 없다.

꿰맬 수 없어도 버리지는 못해
막막한 하루하루가
진창 같은 늪이라도 건너야 하는
나의 바느질은 아직 끝나지 않았다.

달무리 천장에 매달린 차디찬 밤바다

하늘에 핀 긴한 말, 멍울멍울 꿰매 들고
내 바늘에 찔린 은하 너머 별을 찾아
남겨둔 실 꾸러미 온몸에서 풀어내어
당신께 가는 길을 깁고 있다.

3번아 5번 찾지 말고

아들놈 휴대전화의 은어隱語들
그 암호를 해독하는 순간에
눈물은 주식主食이 되었다.

1번은 손자, 2번은 며느리, 3번은 아들,
그리고 4번은 애완견,
나는 애완견 보다 못한 5번이었다.

끝내는 아들 내외가
산 좋고, 물 좋고, 인심도 좋은
시골 고향 살이 어떠시겠느냐고
낙향을 유인하는 것이 아닌가!

그래 그게 답이라면 떠나야지 하고
편지 한 장 남기고 길을 나섰다.

3번아, 5번 찾지 말고 잘 살아라
5번이 3번 너를 배 아파서 낳고,
가슴에 싸서 1번처럼 길렀건만,
애완견만도 못하게 밀려난단 말이냐

빼꾸기는

어미도 모른다고 하지만

고향 가는 길
마을 앞 회관을 지날 적에
먼산 보며 할미꽃이 묻거든
무어라 대답해야 하느냐

그저 고향이 좋아서 왔다고
눈길을 피해 얼굴을 돌리는데
남루한 옷자락이 바람결에 떨린다.

돌덩이보다 무거운 발길이
수렁논 소처럼 더듬거려진다.

간이역
– 너를 보내며

끝이라 말하지 말자.

너와 내가
보랏빛 숲길로 놓은 철길
고향집 저녁연기 같은 몸짓으로
노을빛 들녘을 달리다

창공으로 훨훨 날고파
파랑새가 되려는 너를 위해
너를 위하여,

나, 여기
어느 산모퉁이 지난 빈터
이정표 표석처럼
지체 부자유자가 된 채
남은 길
잘 가! 잘 가라며
안녕을 빈다.

때때로 어디에선가
바람결에 실려온

노오란 탱자 내음 같은
너의 향기에
네 압핀 자국 아물 겨를 없이
자꾸만 시린 이슬이 맺힌다.

누구 하나
내리지도 타는 이도 없지만
언제까지나 이곳
하얀 탱자나무 가시에 앉아
처음처럼, 영원처럼
늘, 기다림에 목이 길어진
한 마리의 새란다.

동행 3

노을 진 언덕 길,
어디론가 끌고 가는 수레바퀴는
병원 소독내로 가득했다.

몇 년째
몸에 새 길을 내는
혈압약, 당뇨약, 소화제가 한 보따리
몸부림 재우기 위한 수면제도 수십 알…

알약을 한 움큼 삼키고 누우니
천장에 지난날의 발자국들이
별무늬 눈물처럼 아른거린다.

개똥불도 옛날을 끌고 와
구름이며 바람이며 하늘이며 뒤적이다
또 하나의 알약을 찾는다.

이제는 하루라도
없어서는 아니 될
한 뿌리로 살아가야 하기에
가는 곳 어디이건 같이가야 한다.

어머니의 약손도 닿지 않을 아픔
심장이 막혀, 멈출지도 모른다
노을 진 들녘 함께 가야 할
너와 나는 잘 길들여진
멍에와 쟁기를 잇는 두 줄의 타줄 같은 거.

이팝나무 곁에서

저 세상 가서도 당신은
행간을 헤매이고 있는
내 끼니, 걱정하는가 보구려

별무리 세다 어렵사리 든 잠결에
싸그락싸그락 쌀 씻는 소리,
오죽이나 걱정이 되었으면
새벽이슬 젖으며 달려왔을까

산밑, 밭두렁 이팝나무
아침햇살 빌어다 불지펴
막 지어낸 하얀 쌀밥 한 그릇
세월 저편에 당신이 간절합니다.

돌아온 봄은
마른 가지에 불꽃을 켜건만
그리운 눈빛은 비켜가는 건지
기다림으로 피울 꽃등이 없습니다.

제 살점을 허물며 보낸 세월
저 세상으로 여행 떠나기 전까지는
끊임없이 출렁이는 파도

늘 가슴 깊은 곳에까지 밀려와도
그 어디에 그림자도 없고
저 멀리 떠가는 흰구름 한 점

저녁밥을 지으며

진종일 시詩밭에 쏘다니다
어두움이 탱탱하게 당기는 저녁 길,

쌀통에서
딱, 한 끼니만큼의
모래 알 같은 쌀을 퍼
쿠쿠에 넣고
뻐꾸기 울기만을 기다리는데
서쪽 하늘 개밥바라기
오래도록 몸에 배어 있는 허기를
그윽한 눈길로 내려 보고 있다.

언젠가 꼭 다시 만나야 하는
우리, 빈 둥지에 그리움만 가득한 채
한번도 붙이지 못해 쌓아둔
억새꽃 손짓 같은 수많은 시詩
오늘밤은
그 시를 가득 끌어안고 은하를 건너는
한척의 배이고 싶다.

끝내는 빛으로
너를 찾아가는 별이고 싶다.

대장간

불바다에 뛰어들어
모든 허물들을 태운다.

화염지옥 드나들며
모진 매질로 거짓 다 털어내고
뜨거운 불에 달굴수록 더 강한
마알간 가슴으로 태어나

연장이 되고 그릇이 되어
찬바람에 시린 손발 녹여주는
화로 속의 불씨로 살아서

내 몫으로 주어진 만큼은
한 톨 티끌도 묻지 않은 알몸으로
푸르른 하늘 가득히 채우고,

때로는 그 삶이
버겁고 아프고 슬플지라도
한 줌의 부끄럼도 미움도 없었던
그런 그림을 그려 가고

언젠가 가는 길에

또 다시 불길 속에 뛰어 들어
더 마알간 용체溶體로
이 한 세상 거듭나고자 한다.

허물 태우기

모닥불에 태우는 것은
생살 도려내는 인연의 가시 덤불인가.

톱날에 잘린 자국들
마디마디에 뒤엉켜 옹이로 박힌
고통의 수액이 타는 내음
청양 고추보다 맵더라

길목 어귀마다 쌓인
고달픈 삶의 부스러기들
손이 까맣도록 뒤적여보았지만
풀리지 않은 물음표와 느낌표
아직도 거기에 남아있네

모닥불에 남은 것은
삶의 자개무늬 앙금.

서슬 퍼런 가시덤불 다 태워내
회한의 잿더미 남은 그 자리엔
해맑은 햇살 받아
목화송이 같은 시를 피우리.

대추
– 어머니를 보내며

(1)
속살 비워내 실핏줄 삭을 때까지
호미자루에 별을 매달고 맨발로 걷다
들풀 말리는 바람에 짓눌리어
탱탱하던 알몸 쪼그라진 채
세월의 흐름도 기억도 멈춰 섰다.

비바람 천둥 다 비켜 보낸
빛 고운 자줏빛 가죽 속엔
천 번 만 번 햇살로 구운 사리 하나,
지금은 천상으로 가는 마중물 기다리는
시린 저 고적!

(2)
한 때의 미움도 설움도 곱게,
물기란 물기는 다 말려 멍해져
다시는 만날 수 없는
저녁노을 붉은 난간을 넘으며
시간을 간신히 버티고 있는가

매양 머물렀던 고샅길에서

세상 밖으로 뻗는 길을 한발작씩 찍는지
산바람 타고 내려와 멀어지는 종소리
끝자락 떨림만큼이나 숨이 차다.

태어날 때 거꾸로 매달려
번지점프 하듯 아찔한 세상,
팽이처럼 어지러운 번뇌의 미궁에서
돌고 돌다 팽이채의 쓴맛 단맛 멀어져
신선되어 하늘로 오르는 홍보석.

빈 자국

어느새 또 한 해를 지우면서
휴대전화 속
알밤처럼 빠져나간 빈 자국
불러도 대답 없는
전화번호 하나를 지웁니다.

언젠가는
누군가의 휴대전화 속에 내 이름도
함께 껴안은 정겨움도 빠져나가
나뭇잎에서 떨어지는 빗방울처럼
땅속으로 스며들겠지요.

산비탈에 깎아 심은 돌기둥
산사의 풍경소리 같은 고적을
오래도록 켜켜이 껴입고
산아래 모란화원의 소식이 궁금한지
수수만리 별빛으로 찾아옵니다.

탱자나무에 맺힌 하얀 꽃처럼
산바람 시린 빛깔 홀로 받으며
은하를 건너는 달빛 꼬리 붙잡고
불면의 눈빛으로 교신하는 풀잎에
이슬도 방울방울 맺힙니다.

일몰
– 노점상 노파

맘껏 펴 보지 못한 살림에
활처럼 등허리 이리 굽어졌어도
아직은 가야할 길 남아있어
깐 마늘 완두콩 몇 사발 다독이는 눈빛
석유 다 태운 심지 불빛마냥 가물거린다.

가난을 대물려 받은 항아리
텅 빈 들녘 쓸어온 찬바람 찰랑일 때도
한 점 부끄럼 없었듯
지금은 햇살 떨어지기 전에
이걸 다 떨이해야 부지할 목숨
아직껏 팔려가지 않은 것들의 숨결을
요리조리 뒤척여 본다.

낡은 첼로처럼 놓인 채
평균 수명의 초과 분은 덤이라며
헐거워진 현을 추스른들 울지 못할
버리고 간 매미 허물마냥
마지막 영혼의 증표 빗어
신이 해독할 백골문자 각인하고 있다.

일몰이 내려놓고 간
어두움이 몰려오는 뒷골목 안으로
못 다한 하루의 끝자락
거두어들이는 손등 애처러워
가로등도 숨죽이고 있다.

적막한 봄

우주를 품은 계란 한 판
어미 날개깃 체온을 지닌 채
양계장에서 마트를 지나
우리 집 냉장고에 옮겨졌다.

흙먼지 한번 밟지 않은 발가락들
냉기에 오싹 오므라 들어
울가에 개나리꽃 꿈을 접고
부리는 침묵을 물고 동면에 빠진다.

산마루 진달래 엄동설한에도
붉은 꽃물 온몸에 시나브로 삼켜
가지마다 붉은 젖꼭지 몽실몽실
꽃 비늘 속에 감추어 키울 즈음,

기억을 멈춘 개나리의 심장,
여린 숨결의 핏줄은 산맥처럼 굳어져
이제 꽃눈마저 띄울 수 없어
불꽃 위 프라이팬 한 복판에서
해바라기꽃으로 피어난다.

여린 봄볕, 진달래 언 발 달래어

앞산 뒷산을 모두 다 태워도
순교자들처럼 나란히 배열되어
울가에서 영혼의 노래를 부를 수 없는
적막동산에 봄이 흐른다.

폭설

내 안에 화석이 된 질긴 인연
밤새도록 흰 눈발로 창가에 아른거리며
수심만큼이나 깊게 쌓이고 쌓인다
어느새 온천지가 왜 이리 적막할까?

길을 잃은 봄이 헤매는 동안
나는 혹한의 눈밭에 서서
불면의 태엽을 감는다.

한겨울 내내 부엉이 울음 속에
잠 못 이루는 소나무
바람의 뼈 읽어내 삭힌 솔향기 풍기면
밤마다 별이 내려와
시린 기억을 뒤척이다 간다.

별이 가고 난 뒤에
가끔은 다친 짐승처럼 울부짖어도
그 이름 지워질 때까지
더는 견뎌내지 못해 산산이 부서져
나이테만큼 쌓이는 그리움의 조각들.

빈 나뭇가지에 엉킨 새들의 깃털

목화송이 방글거리듯 영그는 눈송이
몇 날을 햇살의 부리로 아무리 쪼아도
입동의 실핏줄은 빙점에서 잠들어
깊은 겨울, 눈꽃에 묻혀 있다.

거룩한 용접

자갈밭 이랑을 일구던 보습
너무 닳고 닳아서 멈춰 섰다
늘그막 두 내외가 망연자실한
몇 밤을 지새우는 걸 지켜보던 막내아이
보습을 갈아 끼워야 한다며
꼭 잡은 손 놓아주질 않는다.

봉합이란 사랑의 눈부신 햇살인가
한쪽은 부식된 부위를 잘라내고
다른 한쪽은 생살의 일부를 도려내
빈 자리에 옮겨다 붙이는 일,

두 신장을 예리한 칼날이 지나간
감쪽같은 이음새 사이로
뜨거운 피가 섞여 영원히 흐르고
링거 병에 흘러 내린 피보다 진한 눈물방울
하얀 시트 위에
향그런 백합꽃을 피워냈다.

새파랗게 날 선 보습으로
묵정밭 갈아엎은 황소의 워낭소리
함께 나누는 부자의 가슴에

불꽃이 일어
희망의 먼 동이 튼다.

온전한 동행

온전한 동행이란 이런 것이리

나비의 날갯짓 같은 몸짓은 아니지만
해와 달이 아무리 돌고 돌아도
한 마음 한 몸이 되어야 하는
너와 나는 너트와 볼트.

비록 다른 방향의 나선형길이지만
그것이 하나가 되는 유일한 빚음,
서로의 뜨거운 심장을
깊게 더 깊게 조이고 수없이 감아 돌아
아픔의 마지막 순간까지 껴안아
뜨거운 기억에 멈춰 섰다.

아무리 먹빛의 구름이 감돈다 해도
한 생을 두고 한치도 흔들림 없이
목마름 적셔줄 샘물
살 속 깊숙이 스며들어
돌아누우면 남남이 되기 싫어서
더욱더 굳건히 똬리를 튼다.

순풍에 돛단배란 헛된 탐욕일 뿐

우리는 오직
젖은 세월의 무늬를 새겨 넣으며
머나먼 하늘의 별자리를 찾아
함께 쉴 혼백으로 살아낸다.

부활의 꿈
-무 순을 보며

텃밭 한 켠에
천지가 막막, 숨 막힌 땅속,
벌거벗겨진 채
미처 못 다한 남은 세월을
하얀 맨몸으로 묻혔다.

닥쳐올 싸락눈 냉해를 생각타가
할머니의 은밀한 손길 따라
서로의 음습한 숨소리 들으며
긴 묵상에 잠긴다.

어둠속에 숨은 말 읽어내고
내 속에 묻어둔 짙은 숨결로
동강난 자리에 생의 끈을 이어
마침내 움트는 여린 미소

고난의 가슴팍이었지만
끈질긴 생명력을 끊을 수는 없어
고사리같이 고운 손짓으로
눈부신 햇살을 맞는다.

눈빛

눈빛은
가슴속 눈물 샘에서
날아오는 화살,
하고자 하는 말 하지 않아도
풍기는 빛만으로
그 말이 보인다.

서로가
마주 보기만 해도
떨리는 입술이 보이고
과녁도 화살도 퍼르르 떤다.

눈빛 뒤에 있는 눈물이
항시 마음의 거울을 닦고 닦아서
라일락 향기에는 가슴 함께 적셔주고
낙엽 구르는 소리엔 오솔길 걸으며
손목을 꼬옥 잡아줄 줄 아는
그런 사람만이 동행할 수 있다.

분노나 사랑에 눈을 뜨면
어둠 속에서도 이글거리는 눈빛이
대장간 불꽃보다, 모닥불보다

더 뜨겁게 타오르지만
잠시 눈물샘에 잠겨두었다 내보면
기도의 촛불로 켜진다.

누구나 이 세상 떠날 땐
보았던 모든 걸 다 잊고 싶어
눈빛의 덧문을 사르르 닫고
다시는 볼 수 없는
그 화살,

먼 하늘에서
별똥별이 쏟아진다.

누룽지

아궁이에
나무를 가득히 넣고서
무쇠 솥 속, 불과 물의 뜨거운 만남
어머니 손길에
고소한 맛 일궈낸다.

풋보리
칭얼거리는 뱃속 다독이려
살강 한쪽에 챙겨두고
황금 들녘 꿈꾸는 어머니 숨결
배꼽이 꼬르륵 소리쳐도
마른침만 꿀꺽 삼키시며

한평생 텃밭을 일구시던
숨찬 호미 끝, 땀방울 영글어
까맣게 탄 멍울의 마디마디에
내 유년 허기진 무늬들도
어찌 그냥 안고 가셨나요!

저녁 연기
하늘길 따라 오를 때
가시고 아니 계신 어머니 생각에

타다 만 고향 노을 한쪽이
시리도록 저려온다.

세발낙지

칼날에 난자되어
토막난 죽음들이 접시 위에
뒤엉켜 얼싸안고
처절하게 몸부림치고 있다.

갯벌 속 곤한 잠에서 끌려 나와
파랑의 고운 모래 뻘밭에 일구던 꿈이
빈 사기그릇에 조각조각 흩어진 채
이미 끝난 삶인 것을,
안간힘을 다해 붙잡으려는
저 몸부림

길을 잃고
수족관 한 켠에서, 아직
몇 마리는 숨죽여 웅크리고
몇 마리는 유리벽에 찰싹 붙어
두고 온 그곳에 가는 꿈을 꿀까
파도가 밀려오기 기다리는 걸까
가여운 최후의 휴식들,

지금 막
불그스레한 놀이 지고

소금뿌린 참기름이 기다리고 있다
한 잔 술의 향연

땅거미 어둠 속으로
묻혀가는 이 저녁에

풍력 발전기
–끝없는 사랑

비바람 세차게 부는
폭풍의 언덕 위에서
더 멀리 멀리 바라보며
하얀 불새들이
날아가려 하고 있다.

어둠을 밝히려
밤낮 없이 서로의 날갯짓 섞여
더 큰 불덩어리 뿜으려
어깨동무하고
끊임없이 날갯짓만 한다.

폭풍우 휘몰아쳐도
서로들 의지해 힘든 기색 없이
선 채로 제자리 빙빙 돌다
온몸 시려오면 혼자서 윙윙 운다.

불붙은 장작 더미 위
불새로 앉은 날갯짓 아프지만
세차게 휘몰아치는 눈보라 또 와도
첫사랑인 양 덥석 맞이하는 게

저 하늘 가는 길이라며

오늘도
바람 속에 묻혀 저 멀리
날아가는 빛을 가로채는 걸
결코, 멈추지 않은
불새의 날갯짓이여!

자전거

너와 나
두 개의 은륜
끈끈한 인연으로 입맞추고
끝없이 벌판을 달리자

텅 빈 공간
실핏줄로 엮은 두 심장
은은한 눈빛 서로를 적시며
페달을 힘차게 밟아
숨 가삐 내달려 온 길,
한 편의 시를 써가자

두 손 꼭 붙잡고
호미질 쟁기질 할수록
더 부드러워지는 우리의 텃밭
푸른 바람 은빛햇살로 덧칠해
아릿한 땅끝까지 구르면서
들풀의 꽃씨도 익히자

당신으로
한 생애를 함께 부벼대
녹슬어 더는 감당할 수 없을 때

홍시 빛 노을에 멈춰 서서
달려온 길, 기억나지 않는 그날까지
제 속살 다 삭이며 곱게 익자

희망봉
– 저 높은 곳을 향하여

저기 멀리 있는 산,
비탈길 따라 정상에 오른다
아무리 힘들어도,

금방 잡힐 것 같으면서도
가지 않으면 꿈쩍도 않는다
골이 깊어진 만큼 심장은 지쳐가고

가는 만큼 힘들어도 싱그러운 바람!
올라가지 않고서는 맞을 수 없는
나직한 소근거림이
귓가에 스친다.

오르던 길섶에
정상 바위에서 떨어져 나옴직한
돌멩이 하나 다시 제자리로 가도록 던진다
되돌아가다 말고 이내 낙엽더미에 멈춰 선다
또 다른 돌멩이를 더 힘껏 던진다
역시 마찬가지다
힘들다고 저리도 쉬이 포기한 걸까

오르막길 어디쯤에 기다리고 있을까
꿈속에서도 멈추지 않고 가던 발자국
나는 쓰러지지 않고 오르고 있다.

너럭바위에 잠시 앉아
발등에 먼지를 털며 쉬어도
딱, 멈출 것만 같은 심장의 박동소리
그래도
낙엽더미에 멈춘 돌멩이처럼 쉴 수는 없다
외롭고 힘들지만,

그때마다
푸르른 하늘에 눈빛을 띄우며
뿌리 깊은 한 그리움 붙들고
나는 오늘도 먼 그 산에 오른다.

비어 하우스
– 종로 뒷골목 풍경

늙은 곰들이 오랜만에
서산에 붉은 해 걸쳐두고
누우런 보리밭에 주저 앉는다.

발효된 황금 물결로
타는 목을 적시고
길거리 촛불로부터 머나먼
풋보리 고갯길까지 넘나들며
살아온 속내음 풀어놓다가
보이지 않는 얼굴엔 숙연해진다.

함께한 매서운 바람 속엔
말라붙은 응어리도 있었지만
이 한 순간만은 황금빛 폭포에
가슴속 녹슨 무늬 씻어내
다 잊게 하는
아, 짜릿한 시원함이여!

창 밖엔 어두움이 깔려
가로등이 길을 환히 열어주고
잔 위에 떠있던 거품이 꺼져도

돌아가야 할
길 잃어 버린 채

누우런 보리밭에
마음껏 뒹굴고 있는
쇠약衰弱한 곰들,

그래도 보리 타령에
갈지자 게걸음으로 걷지만은
않아야 할 텐데

제2부 모란을 찾아서

저녁 연가

산마루 휘감다
돌아가던 햇살이
하루의 끝자락을 어슴푸레 내려
참새들도 짝을 지어 제집 찾아 든다.

밥상머리
빈 자리 채워 줄 수 없는
텅 비어 있는 서울 하늘 밑,
창살에 묻은 노을이야
늘, 한잔 술로 지우고
어둠 속 깜깜함이야
촛불이라도 켜 그만이었지만
세상을 다 준들, 아무도
대신할 수 없는 세월 아니던가!

매미허물처럼
벗고 간 행주치마, 아직도
찬장에 뎅그머니 걸린 채
지금도 미처 못 다한 그리움 젖어
노을빛 만작이다
서서히 사그라든 뒤

이 세상에
딱, 한 사람이었던
그 행주치마 두르려다가
그만, 핑 도는 눈물에
밥내음도 창 밖으로 내보내고
어디에 떴나
별을 찾는 이 밤
온몸이 아리다.

먼 훗날,
우리 다시 만나거든
내 맨 먼저 말하리다. 숨막히게
더는 견딜 수 없어서
나 여기에 왔노라고.

모란을 찾아서

허무를 무는 새가 되어
구름 저쪽 허공을 간다.

잠들지 못하는 시간
함께할 수 있는 길
오직 시詩밖에 없어
온몸의 피가 다 마를 때가지
눈물을 갈아 한 편의 시를 쓴다.

달빛 머금은 산이 깊어질수록
하늘공원 소식이 궁금해
솔바람 그친 뒤에도 귀 기울여보지만
외로움이 감싸온 하얀 침묵에
숨소리 몇 가닥뿐

뭉게구름 산마루에 머물러
꿈에도 그리운 보랏빛 미소 피어나면
미처 오르지 못해
산이 무너져 내리도록 울고만 싶다.

어디쯤에서 만날 수 있을
눈부신 하늘길 믿으며

붉은 해가 영을 넘는 길
모란을 찾아 영을 넘는다.

빈집 1

내 가슴엔
휑한 항아리 같은 집 하나 있다
적막강산이 침묵하는

비바람이 세차게 쳐도
빗장에 새겨진 모란꽃 비밀번호
아무도 열지 못하네

밤이면 하얀 달과 별이
알밤 빠진, 밤 송이를 찾아와
시린 어깻죽지 쓰다듬으며
텅 빈 새벽을 깨운다.

더위 먹고 지쳐도
물 한 모금 거들어 줄 손길 없이
다 태워도 태워지지 않은
흰옷의 아픈 유산이 이 몸을 삭히며
구석마다 바위처럼 웅크리고 있다.

삶이 나를 버릴 때까지는
바람도 험한 이 자갈밭 길을
설거지통 앞에 서서

모래 몇 숟가락으로 하루를 열면
찌푸려 어두운 나날이
한쪽 어깨 위로 지나간다.

이끼 낀 돌담, 세월의 구비마다
그물에도 걸리지 않은 바람만이
흔적도 없이 담벽 넘나들며
눈빛 촉촉히 모란꽃 향기 피워내

오늘도
임 부르는 소리만 가득히
천지에 사무치는 뜨락

끝없는 동행
–다시 찾은 하늘공원

어디에선가 "나 여기!"
꼭 그럴 것만 같은 억새풀숲길,
간절히 그리워지는 발자국이다.

가슴을 뚫는 소리에
잃어버린 목소리 묻혀오려나
귀 기울여 보지만
늦가을 후벼 파던 벌레소리만이
달빛 다독여온 가슴에 꽂힌다.

지선상에
쉼표 떨어진 내 발걸음
그대와 나 결빙된 정적을 매달고
영혼만이 가는 길인가, 하늘공원 더는 갈 수 없어
남은 계단 끝, 별들의 낙원 바라보며
아직 못다 쓴 시를 담담히 쓰고 있다.

아무리 둘러보아도
그날의 모습 보이지 않아
구르는 낙엽을 사뿐이 밟을 때마다
아련한 쪽빛 하늘만 가득하구나

찬 서리에 온몸 흠뻑 젖은 채
아린 가슴 쓸며 기다리면
내 목숨껏 함께 하고팠던 너였기에
혹여 내 가슴에 등불 밝히려 오려나
하늘길 우러러본다.

그 이후
– 장작개비

홀로서기
내 얼마나 더 바삭거릴 수 있을까?
길섶의 풀처럼 도르르 말려 들어
풀벌레 노랫소리 끊긴 지 오래다.

바람결도
가시처럼 살속 깊숙이 쑤셔대
시간이 멈춘 벽 속, 문고리도 동면에 빠져
지독한 쓸쓸함에 사위어 가도록
씨아 속 스며 나오는 이 고적한 나날을
남겨주고 간 그는,

아직도 못다한 말 머금고
몽당연필의 야윈 숨결로
하얀 오선지에 점점이 흐르다가
습작지에 흩어져 있는 모란꽃 사연들
노을빛 가슴에
다시 시어로 피고 있다.

언젠가
행간 헤매다 마지막 부르는 이름

들리지 않을 때에, 다 내려놓고
아예 그대에게 가는 길
불티 기다리는 알몸이여!

하늘길

달빛이 거실 안까지 들어올수록
비어서 늘 아픈
모란의 지워지지 않는 숨결이
가슴 깊이 스며들며
내내 잠 못 들게 하는 밤.

창 밖엔
잎 다 떨군 산수유나무,
붉은 눈물방울 속엔 철 지난 폭염 기억뿐
새싹 눈 틔우기 위해 삼동의 무게를
온몸으로 견뎌내고 있네.

알약을 삼키고도 한밤 내내
다하지 못한 공허함이 온몸을 휘감고
시린 등허리 솜이불로 다독여
달그림자 하루의 남은 치수를 재며
잠들려
마른풀 말리듯 숨 죽여 눈을 감아도
달빛이 눈꺼풀을 놓아주질 않네.

나날이 야위어만 가는 일상,
고달픈 짐을 내려놓을 은하수 너머

찾아가는 길 어디인지 몰라
밤바다 달빛을 따라 길을 익히며
남은 날 어디쯤 건너고 있는 걸까.

깃털

바랠 줄 모르는
상처의 조각들은
허공에 줄을 지어
산국山菊을 적셔 온 바람결에
동천冬天 떠가는 새의 깃털이다.

햇살을 한 움큼 퍼붓고
세제로 아무리 빨고 헹궈도
심연에서 솟아오르는 외로움
끝내 지워 내지 못했는지
소맷자락 끝, 매달린 얼룩인 채
먼 길 찾아 손짓한다.

내 마음 머문 곳
간절한 그리움 풀어내는 동짓달!
하현달이 영창에 내려와
시린 등줄기 타고 내린
이슬이 은하에 이른다.

외줄 타는 편두통
더는 지쳐 못 오를 때까지
숨찬 몸짓으로 쓰는 한 편의 시

구겨진 습작지 여백에까지
촛불이 깃털처럼 나부낀다.

잃어버린 연

반백여 년 보듬어온 하얀 연
초록 들판과 하늘 사이에
풀린 빈 연줄만 남기고
흰 구름 너울 속에 안겼지

두 심장에 날개를 달아
학으로 하늘 높이 날다가
백합꽃 속으로 함께 가자던
꿈은 산산이 부서져

해바라기 꽃씨 자국처럼
엉켜 있는 그리움에
날마다 파고들며 흔드는
허기만 가득하다.

흰 수건 두른 동짓달,
머언 하늘 우러르면 얼마나 시린지
생채기의 낙엽, 길을 헤매고
빈 연줄 잡는 손끝이 아릿하다.

겹겹이쌓인 흔적 슬며시 찾아와
눈물 먹은 손수건, 가슴 쓸어 내리고

그래도 대답 없는 그 이름 부르면
별의 흰 가슴 적셔온 바람결
사위어가는 가슴을 안아주네

촛불 켠 신발

현관문 옆 신발장에
차마 떠나 보내지 못한 신발 한 컬레
내 신발과 나란히 발자국 흔적 남기며
드나드는 이에게 눈빛을 건네고
내 눈길을 끌어 들인다.

다 사위어져
햇살을 거두어 가는 날,
땅끝에서 같이 가련다고

인기척 잃어버린 문고리
눈 속의 꽃망울처럼 움츠려
신발장은 휑한 찬바람으로
너무나 적막도 하여라

오나가나 따라붙은 흙터
짠물에 저려져 날지 못하는 연鳶
골목 안 흐느적 헤매고
길 떠난 달은 담벽 옆
석류나뭇가지에 걸치어있다.

서투른 몸짓으로

계곡의 다리를 건너다
헛디뎌 남겨진 신발, 이것이
한 세월 더듬거려 온 마지막 흔적

산등성이 돌기둥 서성이던 바람
칸나 꽃진 자리에 억새꽃 휘날려
지난날 산새들 울먹거리며
신발장까지 밀려왔던 노을이
산그늘 밀어내고 그리움 피워내네

빈집 2
– 어머니

뒤뜰 밤나무 가지에 매달린 산고産苦
아직 허공에 못다 뿌린 양수 남았는가
가을 햇살이 찾아와
속살을 만지작거리고 있다.

한때는
푸른 바늘 가시 망 속
진주처럼 품은 첫사랑의 씨앗
벌레들이 침 흘려보지만
수많은 화살촉에 얼씬도 못했지

언제까지나
그 집에서 함께 살 수는 없기에
겹겹이 갈색 옷 갈아 입힌 뒤
탯줄 떼어 멀리 보내고
먼 하늘 저 너머만 쳐다보다

끝내는 메말라 뒹구는 빈 가슴,
아무도 찾아오지 않고
다람쥐가 감춰 둔
못생긴 알밤 몇 개만이

덤불 속에서 지켜보고 있다.

찬바람 시리어
풀벌레마저 사라진
정원 한 켠에서
누군가가 낙엽을 태우는 내음
연기 묻은 지팡이 짚으신
어머니 모습, 아른아른

교신 불능

모란꽃 처절히 스러질 때
핸드폰도 함께 끊기었다.

가슴에
하얗게 서린 응어리
문자 한 마디 보낼 수 없어
하얀 종이에 써 보았지만
하늘 주소 아무도 받질 않아
허공을 헤매 돈다.

편지함에는
내 살아있는 흔적인 양
마지막 날까지 쫓아 다니는
세금 고지서들이 세월 따라
철새처럼 날아들고

핸드폰에는
적자 인생살이 용케도 아는지
때때로 알쏭달쏭한 꽃씨 피어나
멍한 가슴 간질거린다.

내 안에

물결처럼 일렁이는
꼭, 전하고픈 말 한 마디
끝내 보낼 수도 받을 수도 없어
그 에이는 마음
붉은 강 물결 져 가득히 채워진다.

덕수궁 돌담길
- 제1주기 추모일에

덕수궁 돌담길,
돌담장 위 늘어진 나뭇잎새들
황금옷으로 갈아입고 날아가는
이 길을 나 홀로 걷고 있습니다.

그 옛날,
자줏빛 어깨 위에 머물렀던 낙엽들
허공을 휘젓다 발길을 멈추게 합니다.

"나만을 위해 설원에 자줏빛 꽃으로
피어났다"고 했던 당신의 그 말이
유난히도 가슴을 후빕니다.

머언 훗날,
우리 낙엽이 되어 이 길 함께 구르다
"저 돌담 속에 하트 모양으로 포개져
화석"으로 남자고 했던 언약이
한갓 헛되이 바람 속으로 날아가
홀로 걷나니, 낙엽도 저리 애달파
바스러지는 소리

십자가 첨탑 위 아득히 시린 하늘
눈을 떼지 못해 가시에 찔린 듯
자꾸만 눈물이 납니다.

황금 잎새들 다 휩쓸고 지나가면
머지않아 흰 눈이 소복이 내리겠지

첫눈 오는 그때 다시 오리다
누가 앞서서 발자국 남기기 전에
그 날의 발자국을 찾아서

별이 질 때까지

굽은 등허리 힘들어해도
질기게 따라오던 낮달이
긴겨울 밤 어두움 속으로 깊어간다.

햇살 바른 돌담 쪽
들고양이들의 울음소리가
담벼락을 밀어낼 듯 요란하더니
빈 소주병 열병도 끝이 났는지
쥐 죽은 듯 조용하다.

쓴맛에 간이 밴 동안
고왔던 세월의 마디는 굵어지고
쭈그러진 어깻죽지 다독여 보지만
좁아진 혈관 속 스며들기 힘든지
수없이 잠 못 이루는 밤

앵두같이 노란 별들이 흩뿌린
취침 나팔소리마저도
달팽이관 앞에서 늘 차단돼
잠을 기다리던 촛불은
돌기둥 선 산허리 달리고 있다.

심지를 태워 어둠을 밀쳐내고
겹겹이 쌓인 모란꽃 몽우리
깊은 기억 뒤척여 꽃을 피워내
꿈길에 옷고름 소리 아릿하게
새벽달이 들창에 와 잠들어 있다.

동행 1

너와 나
하늘이 빚어준 한 쌍의 원앙
햇살 좋은 어느날, 신천지로 첫발 디뎌
아들딸, 엄마 아빠로 반 백여 년
시린 등허리 다독여 부족함 서로 메워 주며
어느새 여기까지 왔지

들꽃 따서 손목에 꽃시계 채워
청실 홍실 한 뜸 한 뜸 엮으며
해 지는 줄도 모르고

밤물결
달맞이꽃으로
나날을 보냈지

바둥대며 온몸으로 보듬어 온 세월
눈길만 맞닿아도 모르는 일 없어서

마음엔
등불을 켜고
어둠을 밝혀주었지

세월이 꾸물꾸물 지나간 주름 속엔
털끝 같은 미움이야 몇 가닥쯤 있었어도

한 생을
떡잎 키우듯
강을 건너왔지

가다가다 지쳐서 더는 갈 수 없을 때
허물없는 이름 석자 이 땅에 남겨주고

너
와
나

두둥실 두둥실
흰구름으로 흐르자

동행 2

밤이 깊도록
잠들지 못한 까닭은
낮에 마신 몇 잔의 커피 때문이 아닙니다.

쓰디 쓴 삶의 잔을 들고
벽을 보다 천장의 별을 헤아리다
뒷벽으로 돌아누워 보아도
도로 그 자리,

가시에 찔린 벌레처럼
몸부림치는 사이
호수에 잠들었던 달님이
영창에 찾아와
내 가슴 빈 자리에 월광곡으로
흐르는 까닭이옵니다.

새벽길, 달님이
이제 나를 따라오지 말고
편히 잠이라도 자라며
돌아간 뒤에도
잠 못 이루며 뒤척인 것은
이미 뒤쫓아 가는 까닭입니다.

모질고 무거운 등짐
어디쯤서 내려놓고
발자국 나란히 나란히 찍으며
이 밤을 지새울 수 있을까요

추모

한줌의 흙으로 되돌아 가시는 길,
아무도 막지를 못해
통곡으로 보내 드리었다오

솔잎을 떠나온 바람이
산허리 지나며
그대를 만나는가

묘비 앞 진달래
하늘로 쳐든 가지 끝마다
연한 핏빛으로 매달려 흐느끼네

곤히 잠든 낙엽을 밟으면
차마, 그날이 또 다시 통곡하듯
바스러지는 소리

이리도 시리게 아파온 그리움
되돌아 가는 발길을 붙들어
빈 몸만 가오리…

불타는 무지개

지치고 어두운 긴 밤
별들이 곤히 잠든 뒤
홀로 시린 마음 뒤척이다 잠이 들어
이따금, 꿈길에서 당신을 뵈옵니다.

발자국 소리도 없이 찾아와
아침 햇살처럼 선연한 모습으로
못다 핀 꽃망울을 터트려
미소 지어 보입니다.

때로는 본 듯 만 듯한 아련한 꿈길
깨알보다 짧은 꿈에서 깨어나면
당신은 아무런 흔적도 없이 가버리고
빈방은 어둡고 정적만이 가득합니다.

이것이 우리에게
남겨진 사랑의 무게인가요

강물은 바다로 흘러들면
모두 흔적 없이 섞이고 말지만
아무리 세월이 흘러도 지워지지 않은
못다 드린 사랑의 숲은 어이 하란 말이오

그냥 건너 뛸 수 없는
남아있는 빈 생애
밤마다 아침이 올 때까지
꺼지지 않는 등불을 보게 하여 주소서

잔인한 11월

늦가을과 초겨울이 겹쳐
나무들은 보내고 맞이하기에
혼돈스런 마음 비우느라
분주한 11월.

낙엽으로 데려간 찬바람은
사랑의 문을 닫은 독약이었다
치사량이 조금 못 미친
시린 내 등허리를 떼밀고 간다.

구멍 난 쪽배로 흔들리며
아직 지워지지 않은 이름을
마른 풀잎의 노래처럼 울부짖는
귀뚜라미와 밤을 지새운다.

어둡고 긴 겨울이 지나면
저 들녘엔 다시 연둣빛이 찾아오겠지만
참 삶이 무언지 잊은 채
오직 허기와 그리움만 밀려와
촛농으로 삭아가는 내 가슴은 빈 들판.

하현달 1
– 제2주기에

채워지지 않은 빈 곳을
솜털구름으로 감싸본들
등허리 이리 시린 까닭은
영창에 달빛 때문인가 보구나

불지펴 구들장 신열을 일으켜도
밤 깊도록 빗장 두드려
등줄기에 끼인 성애
이 한밤, 온몸 파고드는 오한
햇살도 지울 수가 없습니다.

달 따라 산길에서 꿈길에서
그날의 촛불을 다시 켠 채
이리저리 뒤척이며
목메도록 부르다가 부르다가
피보다 진한 시를 씁니다.

한 송이 꽃진 자국 한천寒天에 떠가는
함께해온 파리한 입술 한쪽
못 다한 말 아직 담고서
기다리다 데리고 갈 외로움

또 하나의 쪽배 은하로 스며가고 있습니다
내게도 쪽배 하나 은하로 스며가고 있습니다.

하현달 2

장미 한아름 안고
당신이라고 불러주기까지
나는 밤이슬 젖은 달맞이꽃이 아니었다.

젖은 목소리로
고운 햇살 꽃잎 피우는 노래
주옥 같은 파뿌리 언약
원앙鴛鴦의 날개깃에 감싸 안고
서로 다 맡기겠다는 성당의 종소리

튼실한 씨줄과 날줄로
별들의 꿈을 엮으며
세월의 나이테 하나 둘
뜬구름 두둥실 흘러갔다.

돌연한 검은 구름 천둥에 휩쓸려
등 굽은 붉은 산허리 들국의 숨결로
단풍잎 떨군 나목은 적막에 갇힌 채
국향에 젖은 시詩, 천지에 가득하다

보고 싶은 마음 털어내지 못해
끝나지 않은 잔인한 달맞이 꽃길 지나

백년 정거장 빈 의자 위에
해진 고무신 올려 놓고 달려가고 싶다.

금시 눈이라도 내릴 듯한 한천寒天
야윈 네 모습이
오늘밤도 쪽창을 지나간다
부엉이도 우는 이 밤에.

소금꽃 1

그리움 허기에 냉장고 문을 열면
쌩 하니 찬 바람이 쏟아져 나온다
모란꽃 손길이 비켜선 지 오래
보릿고개 때 소금바람보다 더 시리다.

김치 보시기 두서너 개 덩그머니
어두운 삶의 무늬를 악물고 있어
일용할 양식이라는 면역항체로 녹이고
물 만 밥알에도 침샘이 열리지 않는다.

멍한 일상이야 어쩔 수 없었어도
주말은 해와 달이 다녀간 뒤
창문이 닫혀 인적은 없지만
아침햇살 같은 따스함이 스멀거린다.

뉘라서 알랴 그리워지는 손길!
냉장고 문을 열 때마다
주말이 기다려지는 철부지 불치병,
점점 짧아지는 노을빛에 타고 있다.

어쩌다 구름이 잔뜩 끼인 주말
입안 가득히 만발한 혓바늘 꽃은

파도 치는 생의 바다에
피어나는 음계가 아니겠는가?

소금꽃 2
– 제3주기에

워낭소리 멎어
마른 수수깡에 매달린 이랑,
보습이 지긋이 먼- 산을 바라보며
누구를 기다리는 걸까.

이젠 쪼개져 굴러가는 수레바퀴,
하릴없이 낮달로 초췌해진 채
녹슬지 않으려 수없이 담금질하는
허공이 몹시도 시립니다.

어두움으로 경계 포개어지는 날까지
별들이 반짝이는 시어詩語로
"우리 함께할 집" 한 채 지으려
햇살과 새들의 노래로 구들장을 놓으며
기둥을 세우고 먹줄을 튕깁니다.

가슴에 고여있는 아픔을 흔들어
산비탈 풍경風磬소리 들리는
달빛 마실 온 모란꽃 화원에서

반달로 떼 메고 길들인 그리움

하얗게 녹여놓을 그곳에 닿을 때까지
당신과 함께할 수 있는 길, 오직 시밖에 없어
오늘도 먹을 갈며 로그인 합니다.

달밤

휘영청 밝은 달빛이
잠 못 이루는 창살에 내려와
구겨진 편지지 가득한 가슴에
잔잔히 젖는다.

그리움 못 이겨 반짝이는 별빛 따라
조약돌들 사각거리는 혼잣말로
가슴을 치고 나온 시詩들이
오늘도 다 태우지 못한 노을
모란꽃 울가에 녹아 내리더니

어언 은하는 깊은 삼경
뜨거움이 두 눈에 핑 고여
구름에 쌓인 행간으로 흐르다
지워진 길 위에서 두리번거린다.

무게를 측정할 수 없는 아픔
아무리 허공을 끌어당겨도
아직 다 채우지 못한 여백 때문에
저 망망한 하늘에 목을 늘이고
이승의 산등성이에 서 있는 비석

혼자서 남겨진 늪을 지나
쪽창에 새벽빛 닿을 때까지
불면의 달빛에 누워 너에게
그냥 밤새워 출렁이며
가슴앓이 더 깊어만 간다.

떠돌이별
-집으로 가는 길

한줄기 시어詩語의 산맥을 떠돌다
끝내 시가 되지 못한 서툰 말들
가슴에 얼룩으로 매단 채
청보리 밟듯이 다독여준다.

지금은 꽃샘추위도 먼, 한겨울
훈기 없는 모란의 빈 가지마다
5월의 하늘이 키워낼 꽃눈에
조금씩 아주 조금씩 다가가
오롯이 한 편의 시로 피고 싶다.

열두 줄기 거친 길목마다
희미한 가로등에 닦여져
낯설지 않게 길을 내어주건만
여린 바람에도 흔들리는 대나무처럼
휘청거리며 지나고 있다.

바람 한 점 스치지 않아도
굳게 잠겨있던 철문, 접속번호 대자
시린 발목을 아는 건지

어둠속 아무런 인기척도 없이
둔탁한 금속성 소리가 맞아준다.

울안에 모란이 다시 피고
청보리 황금 물결치는 그날까지
궤도를 벗어난 인공위성처럼
떠도는 별 하나

참회

미처 못다 보낸
서산마루 붉은 해는
아무나 같이 할 수 없는 하늘나라
차라리 거친 파도에 실려
모질게 바스러지리다.

모란꽃 찬연한 채
뚝뚝 떨어지던 아픔을
혼자서 꿰매야 했기에
소리 없이 우는 강물에
독백하는 물새이게 하소서

수많은 어둠과 햇살로도
그날의 짙은 체취 지워지지 않아
긴 목을 꽂진 돌기둥에 기대고
노을빛 산 그리메처럼 오롯이
어둠답게 얼룩 없이 살리다.

오늘도
날로 야위는 몸으로
잃어버린 영토 오솔길 따라
풀잎에 맺힌 별들에

가슴 골짜기 다 적시며 걸어갑니다.

끝내는
하늘과 맞닿은 바다로 흘러 들어
파도에 젖어 들게 하소서

눈을 감으면

오늘밤은
꽃도 잠들기 어렵나보다.

창밖에 별들이
은하로 가자 소근대지만

온 방안
아른거리며
보내주질 않는다.

혼자 건너기 외로워
손잡았던 붉은 모란

눈 감으면
꿈길보다 쉽게 만나

겹겹이
아프게 찍히는
표적판의 화살들

날이 갈수록 시들어
말라 가는 잎새라도

서늘한 그늘 밑
새살이 돋음같이

남은 날
달빛 어르며
그대 아침에 닿고 싶다.

당신의 목소리

– 이명耳鳴

비좁은 동굴 속 그 누가 살길래
몸뚱이 이리도 뒤척이게 하는가

사막에
모래 바람이
사각이며 지나가네

산바람 휘저으며 풀벌레 우는 소리
지우고 지워도 새로 부르는 노래

낡은 집
마구 흔들며
종일토록 감도네

산허리
칭칭 감아 지나가던 나이테
내 손끝 닿지 않은 등줄기 어디쯤

길 잃은
민들레 홀씨
꽃눈 틔우는 소리인가

하늘이 잘 보이는 언덕

홀연히 떠난 뒤
오랜 세월이 흘러도 가슴에 묻혀
지워지지 않은 간절함에
지금 어디에 있을까 불러보지만
천지가 적막 강산.

햇살마저 없는 날은
무거운 어둠을 지키기보다
차라리 달려가 돌기둥이 된다.

언 땅에 하염없이 주저앉아
산마루 흘러가는 흰 구름 한쪽에
온 산을 헤매며 울부짖어도
빈 메아리로 되돌아 온 뻐꾸기 울음소리
숨이 차도 끊이지 않는 나의 심금이다.

당신과 나 사이
벌어진 행간을 뛰어 넘을 수 없는
그 아픔을 감당하지 못해, 문득
바라보는 하늘엔 모란이 피어있다
행여 손길 잡힐까 나래질 해 본다.

오늘도 언덕에 나와
꽃 그늘이 뼛속까지 파고든 흔적 붙들고
맨 처음 스민 고운 눈빛 사그라질 때까지
머나먼 하늘을 우러러 애타는 일상
이승의 길 끝에 맺힌 진주,
저녁 노을빛에 더욱 더 영롱하다.

짐을 싸면서

이삿짐을 정리하는데
장롱 서랍 속 깊숙이 있던
빛 바랜 상자가 눈길을 끌었다.

'백년' 이라는 보석상의 영수증에 싸인 반지가
반 백년이 넘도록 그 눈빛을
예처럼 간직한 채
보랏빛 향기를 풍기고 있었다.

오직 한 사람 당신에게
한생을 맡기고 끼워주던 굴렁쇠,
당신 안에 내 안에 씨뿌리고 가꾸다
세월의 무게에 눌리어 별이 된 반지 한 짝.

신혼 초엔 이삿짐이라야 리어카 두 대에
당신과 나,
힘주어 끌고 밀면 그만이었는데
아까워 끼워둔 끈끈한 삶의 흔적들
얼만큼 버려야 하는지 끝이 없네.

마른 수수깡 같은 지금
여태껏 걸어온 길 샅샅이 기억하고 있는

묵은 신발도 한 보따리 싸다 버리고
부르튼 물집 각질이 된 발바닥 쓰다듬으며
매미허물처럼 홀가분하게 쏙 빠져
되돌아갈 빈 집을 생각한다.

마음 한 구석에 말라붙어 가는
그리움을 한 편의 시로 붙들면서
그 한 짝의 밖에서 노을을 보며
홀가분히 떠나갈 짐을 싸고 있다.

열애

청사초롱 불 밝히고
청실 홍실로 원앙의 연을 엮어
나는 당신 자동차 바퀴가 되었다.

질주는 그때부터 시작이었다
질풍보다 더 빠르게 달리어
타이어 타는 내음으로
내 몸은 피폐 되어가도
숨막히도록 삼켜낸다.

급브레이크만 밟지 말아다오
때때로 엑셀레이터 세차게 밟으면
팽팽하게 길을 당기며
생살 찢어내는 듯한 아픔을 참고
온몸으로 길의 지문을 읽어내겠다.

당신과 한 몸으로
오르막 헉헉거림도, 급커브 현기증도
눈 쌓인 고갯길도 마다 않고
폐차장에 함께 가는 그날까지
휴식마저도 사랑의 무게로 이겨내며
젖은 땅에 맨살이어도 좋다

아직 가보지 않은
무지개 꿈을 실은 여행길
오늘도 시동소리 정겹게 걸린다
당신의 시선이 더 갈 수 없을 때까지
길 위에 서 있으마.

제3부 나무들의 이야기

겨울나기

함박눈
뜸뿍이 쌓여
산길마저 닫힌 지 오래

산새들
눈물 엉켜
잎진 가지에 눈꽃이 만발

깃털로
추위를 막아보지만
봄은 아직도 영 넘어 있네

종다리
울 때까지
등짝으로 넘어 온

산골짜기
휘몰아친
눈고개 정말 몰라요

삭풍에
속살까지 아리는
엄동도 양광陽光에 녹는다네

봄의 서곡
– 초대장

겨울 내내 겹겹이
제 속으로만 칭칭 감기더니
입춘의 햇살에
가슴을 열고 봄의 소리듣는다.

꽃샘추위 살며시 풀어낸
홍매화 활짝 꽃눈을 뜨고
버들피리도 얼었던 대지를 흔들며
줄기마다 너울대는 춤사위로
봄의 향기를 온몸에 적신다.

얼어붙은 가슴 줄기
깊게 패인 주름 사이에도
뚜벅뚜벅 걷는 맨발자국마다
워낭소리 출렁인다
뒤척이며 남몰래 떨군 뭇별
꽃눈 띄워 모란이 피기까지는
서러운 나날 기다려야 하지만,

당신의 초대장에
멈췄던 시간이 다 제자리 찾아

오선지 위에 반음씩 살금살금
눈뜨는 꽃망울들!
산에 들에 산수유 개나리 진달래…
뻐꾸기도 교향곡 준비가 한창이다.

민들레의 말

낮은 자세로 주저 앉은 채
당신 안에 머물고 픈 마음

한겨울
엄동설한도
사르고 솟은 촛불입니다.

눈길 한 번 주지 않은 날에도
눈부신 햇살을 품어 안고서

노오란
웃음으로 삭히며
젖은 가슴 익혀왔습니다.

오던 봄 다 지나 꽃잎 지던 날
야윈 촛대 위 촛농만 엉켜두고

홀씨로
바람에 흩날려
정처없이 떠나겠지만

바람이 바래다 준 그곳이 어디이건

길고 긴 겨울잠, 흙내음 일궈내어

나, 멀리
멀리 있어도
당신께 지필 불꽃입니다.

겨울 산수유
- 그리움

혹독한 시련의 시간 속에.
이파리 다 떨군 알몸으로
눈보라 칼바람을 삼킵니다.

때로는
따스한 햇살이
멀리 남촌에 봄바람 살며시 데려와
겹겹이 감싸둔 비늘 속 꽃눈을
천 번 만 번 간질이지만

천지를 둘러보아도
새들 날갯짓 훈기 흔적 없고
아직은 꽁꽁 언 청보리밭,
어디쯤에 고뇌의 바다를 건너 올
양광陽光을 기다립니다.

산짐승들 먹이 찾아 내려온
눈 묻은 발자국 다 지워지고
냉이뿌리 하얀 입김을 뿜으며
연약한 꽃대궁 시어詩語로 밀어 올릴 때

당신의 창문 앞
얼어붙은 빈 가지마다 불 지펴
그리움으로 가득 채우렵니다.

산수유 필 무렵

봄이 오는 소리에
신열이 나기 시작한 나뭇가지들
사방을 두리번거리다
이웃집 신혼방도 슬적 건너본다.

아직 차갑지만 밤사이 봄비 나리더니
겨우내 벌거숭이로 참아온 마디마디
부화장의 노란 병아리 떼
우르르 날아 앉아
한들거리며 봄노래 부른다.

산에 들에 모든 꽃들
저마다 제 꽃빛 밀어내려는
심호흡이 깊어지는데

봄 햇살에
어느새 벌 나비 찾아들어
가슴에서 가슴으로
꽃술을 간질거려 사랑을 새기고

바람 좋은 날
꽃잎들은 아무일 없었던 듯

슬며시 흩어진다

날이 갈수록
꽃진 자국의 끈끈한 흔적
연초록 떡잎으로 감싸 안는다.

튤립
– 동심

어린날, 미술시간에
맨 처음으로 만났던 단발머리
난생 처음 그렸던 꽃,

그 속에 세상을 다 담으려고
가슴에 깊숙이 품고 다니다가
누구에게 들킬세라 콩닥거리며
파동치는 새의 가슴!

흙먼지 한 점 없이
동화 속 함께 굴리던 굴렁쇠
잡힐 듯 잡힐 듯
시나브로 멀어져만 가고

끝내 같은 그림 그리지 못해
어디선가 반쪽으로 피고 있을
어릴 적 희미한 그림자,

지금도 노을 한 켠에
불쏘시개로 사르르 타오르다
때로는 가슴이 무너지도록
살그머니 떠있는 개밥바라기

호박꽃

밤하늘 이슬을 맞으며
별들에 손짓하더니
은은한 눈빛이더니
끝내 별똥별로 쏟아내려

이웃 담장을 기어 오르던
넝쿨손 줄기에 안기어
마알간 아침 햇살 토해내며
노란 별들이 떴구나

밤새도록
아무도 모르게
아담과 이브가 누워
금빛 꿈을 심어 둔 자리

닭 울음 토하는 새벽
영롱한 이슬에
별을 담아 반짝거리며
넝쿨 줄기마다 꽃 문 오므린
그 아픔 끝에 열매 매달아

나른한 햇살과 비바람도

온몸으로 삼키며, 속살 농익혀
기다리던
달덩이 영글겠네

알밤

청순한 꿈의 소녀시절
초경에 찔려 기가 막혔습니다.
얼마나 놀랐기에, 온몸을
빈틈없이 가시 옷으로 감싸 입고
꽃진 아픔 아무에게도 보일수 없는
그것이 첫사랑이었습니다.

날이 갈수록 부푸는
사랑의 첫 마음 고이 간직하려
핏기 없는 가죽으로 두루막을 치고
떫은 맛으로 다시 감싸
자연분만으로 탯줄을 끊어
내 보낼 때까진
아무에게도 보이고 싶지 않았습니다.

가시 망, 가죽 옷, 떫은 비늘,
겹겹이 에워 싼 채
따가운 햇살의 천 번 만 번 유혹에
나날이 속살 영글어 가며
짙은 갈색 속옷을 입을 때까지
꾹 참아 온 태양이 녹아 든 시어詩語들

마침내
국화향기 가득한 축복을 받으며
가시 집 살며시 열고 툭툭 뛰어내리는
알알이 영그는 아픔의 희열!
한 바구니 가득히
고운 시로 넘쳐 납니다.

화병

당신의 향기를 담고
외로움도 함께 꽂아
당신의 창가에 놓이리다.

청자도 백자 항아리도 아니지만
꼭 만나야 할 눈빛이 마르지 않도록
가득히 말고, 반쯤만이라도
늘, 촉촉히 채워 주셔요.

당신이 곤히 잠든 사이
온 세상이 하얗게 덥힌 폭설로
찍힌 발자국 다 지워져
진달래도 창문 앞 목련도 머뭇거릴 때

핏줄 끊긴 가느다란 잎줄기 끌어안고
한줄기 햇살 온몸에 담은 신열로
오래도록 참아온 보랏빛 꽃망울
당신의 깊숙한 곳에서 뜨겁게 피우리다.

영혼의 깊은 바닥에 일상을 부리고
풀잎에 이슬 젖듯이 당신에게 번져
봄날 청솔 밭에서 이는 산새 소리보다
더 맑디맑은 노래 부르리다.

석류

아직은, 숨겨온 속살
보일수가 없어요

저 달이 저리 밝아도
속으로 익히진 못해

햇살이
수천만 번쯤
치근거려 닳아오른 몸매

자꾸만 열려 했어도
알뜰한 신맛의 미소

알알이 농익혀
자줏빛 꿈을 피워내

모조리
당신께 드릴
터지는 신맛의 희열

목화 앞에서

문익점이 붓 대롱 속에 숨겨
입 다물고 온, 솜털 같은 작은 생명
밭 이랑에서 속살 눈 틔워내
심오한 목화墨畵의 꿈을 접고
붓 털처럼 뿌리 내려 새싹이 났다.

봄부터 한여름 땡볕과
불가마 지열도 삼키며
그 모진 세월 다 이겨 내고

흙 속으로 내린 핏줄로
하늘빛 다래 속살 하얗게 일구어
피어 오르는 솜털구름에 입 맞추며
가지마다 하얀 꿈을 매달고 있다.

그 옛날엔
어머니 치마폭 앞에 가득히 실려
올겨울 시집 보낼 달의 푸른 꿈이
청보리 크듯 해 만삭이 된 기쁨 안고

산비탈 목화밭에서
원앙금침이 푸른 하늘 스쳐가는

꽃구름에 미소 지었었는데
지금은 화사한 색감과 편익성에 밀리어
그 자리 빼앗겼네

순결한 백의의 넋이라도 지니고
끈질기게 목화 꽃으로 피어나
원앙의 꿈을 안고 먼 하늘 날으리

가을 소나무

나는 빈 가지에
마지막 남은 까치밥이다
이 손을 풀면 천길 벼랑
수많은 바람이
나를 흔들며 지나간다.

내 그늘에 머물렀던 것들은 다 떠나고
계절이 바뀌어도
나는 여전히 홀로 푸르다.

그 옛날,
고샅길 스쳐온 봄바람 같은
정겨운 이야기를 주고 받을 이
그 어디에 있을까

도랑치마 입지 아니하여도
흐르는 세월 도란도란 함께 보듬으며
귓불이 사과처럼 빨갛게 익어가는
그런 사람

여름이 초록 옷 벗어 던지고
속살 다 드러내는 여인으로 오면

공원의 빈 벤치를 찾아
가는 세월의 아쉬움을 커피 향에 적시며
구르던 낙엽 더미 속에서 묻어 나오는
샹송을 같이 들어줄 사람

산허리 휘감고 내려치는
차가운 겨울바람에,
코끝이 찡하도록 시린 날
언 손목 꼬옥 잡아주고
목도리 한 장이라도 걸쳐 줄…

꼭,
그 같은 사람 어디 있을까

보리피리
– 오랜만의 귀향

이즈음 내 고향엘 가면
밭두렁에서 흘러내리는
보리 피리 소리가
찔레꽃 향기 적셔와
찌든 발길을 멈칫하게 한다.

앞산에 산비둘기
떠난 임 보고파
구구구 울부짖어도 오지 않는지
뒷산으로 와 또다시 구구구
소꿉친구 생각나게 한다.

산기슭에 둥지 튼 꿩
은막의 배냇 내음 젖은 숨결을
햇살에 말리며 날갯짓 할 때
감자꽃 나른한 보릿고개 위에 피고 있다
어머니 주린 배 모질게 졸라매신 채
내 손에 꼭 쥐어주셨던 감자 몇 알
유년의 가슴이 아려 온다.

토담 옆 장독대는

덜거덩 소리 멎은 지 오랜 듯
뿌옇게 먼지만 쌓여
보는 이 마음 아프게 하고

어찌다 몸도 마음도 다 떠난
텅 빈 옛 성터마냥 되어 가는가
모두들 어딜 갔나 소식 하나 알 길 없어
찾아온 발길이 무겁기만 해
보리 피리도 숨차 하네

먼 산 바라보는 소나무

꼭 한번 보고 싶어도
만나고 싶다는 말 한마디 못하고
마음 한 구석 살며시 열어둔 채
산등성이에 서 있다.

오솔길
멀어져가는 산그림자
저 혼자서 배웅해 주고
산골짜기 펴놓은
속살까지 시린 서릿발은
가슴에 쓸어 주홍빛으로 말리며

날마다 밀려드는 그리움
나이테 속에 칭칭 감아서
바람 찬 언덕에
짙푸른 솔향기 뿌리리

지킴이 항아리 바위
검푸른 숨결 같이 보내며
거무스레 타버린 저 몸통 속에
가슴 아린 주름살 일기

꽃구름, 노란 별들의 애잔한
이야기도 채곡히 쌓아 두었다.

먼 훗날에도,
행여 다시 보고 싶거든
길게 감긴 두루마리 풀어내어
먼 발치에서 그날의 너를
살며시 바라보련다.

모과 일기
– 첫사랑

종다리 우짖던 날
가지마다 꽃눈 터트려
못 견디게 아름다움 풍기던 꽃잎들
씨방 문 슬그머니 닫았다.

온몸에 스민 간지럼
말하면 날아가 버릴 것만 같아
누군가라도 눈치 챌까 봐
두근거리는 가슴 감추려
푸르른 잎으로 하늘도 가리우고,

나풀거리던
노랑나비인가, 흰나비인가
윙윙대던 꿀벌인지
슬며시 담장 넘어온 솔바람인지
콧노래 흥얼흥얼 바람에 실어

마알간 햇살 끌어들여,
긴 세월 다독다독
속살 채곡히 채워 넣고
새콤달콤한 향으로 익혀내어

지금,
입 꼭 다문 채 온몸 출렁이며
보란듯 신비한 향 풍기고 있다
그 봄날의 황금빛,
꾀꼬리참외처럼 소리하고 있다.

낙엽

낙엽은
나무들의 살점이었다.

그토록 풍성하던 초록핏줄도
가지 끝 삭풍에
견디다 못한 그 아픔,
하얀 뼈로 남는 신음소리 들으며
주홍빛으로 떨어져 나와
바스락거릴 울음만 담은 채
갈 길 몰라, 멍하니
부는 바람따라 어디로 쓸려가련지
온몸으로 떨고 있다.

깊은 밤 텔레비전 화면 속,
어미 아비 떠나 바스러진 집
아직 철모르는 초록 잎새들
주홍빛 젖기도 전에
낯설어진 거리 가다가다 지쳐,
쪼그라진 플라타너스 잎 곁에서
매서운 바람 부둥켜안는다.

오솔길 찾아

낙엽 뒹구는 그 길을 걸으면
내 가슴 아리게 신열을 일으켰던
붉은 잎새 하나
영혼의 흐느낌 같은 떨림으로
노을 속으로 멀리 날아가고 있다.

고마워하는 눈빛

지난 늦가을 화단 돌 틈에
미처 돌아가지 못한 제비 한 쌍
베란다 화분에 둥지 틀어 옮겨 주었다.

쥐 죽은 듯 서릿발 서성인 자리
가끔씩 물을 주고 다독여 주었더니
온기가 닿았던지 얼마 뒤엔 마음을 열고
여린 숨결이 눈맞춤으로 맞는다.

들녘은 아직도 언 땅인데
창살에 끌어들인 햇살로 삼동을 밀어내고
온몸을 부풀려
따스한 창가 하마도 봄인가
자줏빛 제비꽃 나를 보고 웃는다.

강남 간 제비들
돌아오기엔 아직도 한참 멀었는데

은행잎
– 손주의 꿈

스산한 가을 바람이 일면
나무들은 노란 부채를 우수수 날리고
더러는 빨간 아기손바닥을 매단다는
열 살배기 손주의 시심詩心
가을이 무르익고 있었다.

마음껏 허공을 휘두르던 사이
푸르른 여름날은 한줄기 생강으로
찌들어 물기 다 빠져나간 목숨들
기승을 부리던 매미들 모두 스러지고
여린 발자국에는 서리 묻은
귀뚜라미 울음에 젖는다.

다 닳은 신발 끄는 할아비
별을 만나러 하늘까지 가야하기에
오늘도 미처 쓰지 못한 시詩를 쓰러
숨결은 무장무장 풍선보다 가벼워져도
늦가을 햇살을 뒤척이고 있다.

빛 바랜 책갈피 속에는
수많은 세월을 한 땀 한 땀 엮어

강물따라 노을빛 바다에 도도히 젖을
파도처럼 출렁이고픈 작은 물방울이
한지에 젖어들 듯 번지고 있었다.

씨앗 눈 틔우기

땅을 일궈 공들인 씨앗을 거두는
농부의 고된 농사 일같이
시인은 바람이 어루만지고 간 꽃몽우리
울가에서 벙글거리는 숨결소리로
튼실한 열매 맺을 향기 젖어내야 한다.

농부는 심는 대로
늘 콩 나고 팥이 나는데
청보리 누렇게 익어가는 도중
찔레꽃에 곁눈질로 해찰하다
알곡으로 영글지 못하는 나는
채우지 못한 여백의 한 모퉁이에
놓인 설익은 씨앗이다.

수많은 밤을 지샌
한 편의 시작詩作이
주제와 소재가 잘 어울리지 않아
긴축과 모호성이 딴 나라 방언인가
곱씹어도 알 듯 말 듯한 말들로
어머니의 비빔밥 맛이 나지 않는다.

누군가의 기억 속에

꽃으로 피어내기 위한 시어들
오래오래 그리움으로 출렁이기 위해
씨알 핏줄에 쌔근거리는 숨소리를
소금물에서 알찬 것만 고르려
농부의 가슴이 포말을 일으킨다.

제4부 바람에 묻어오는 종소리

바람의 날개
– 시 익는 풍경

시 밭을 가꾸던 벌 나비들
해질녘 뒷골목 가정식 백반 집에
삼삼오오 윙윙거리며 나풀거리며
꽃내음 시담詩談이 그득하다.

눈치 살피다 젓가락 비켜간
생선구이 한 토막과 동태 찌개를
은근히 챙겨주는 눈빛에 머물러
젓꽃판처럼 붉어지는 하루.

저녁노을이 산마루까지 내려와도
나선형 등짐이 무거운 달팽이는
별에 닫지 못해 목이 마르다.

몸뚱이에 밴 끈적한 점액을 토해
주름진 표정을 길게 늘려
온몸으로 길을 내
벽을 타고 담을 넘어 가려 해도

등딱지 다 삭아내려
시밭의 늦깎이 배움이기에

구름까지 날으는 새들을 부러워하며
아직껏 날갯짓 시늉만 하고 있다.

열망을 향하여
– 양파의 꿈

탐스러운 알몸으로 영글 때까지
세찬 바닷바람과 뙤약볕 아래
칠흑 속 세월을 읽으며 건너는
모진 사막의 길입니다.

몇 줄의 실핏줄로 지탱해온
삶의 탯줄 위에 앉아
고달픈 삶을 햇살에 부벼대며
눈부시게 하얀 속살 동그랗게
동그랗게 찌웁니다.

내 유년의 허기진 들녘
가슴에 이글거리는 불꽃을 켜고
종다리 온 몸짓으로 퍼덕이며
청보리 누렇게 익어 고개를 넘을 때
탱탱한 알몸으로 잉태돼
여물어가는 시심詩心입니다.

설레던 속살 하얗게
맵고 아릿한 맛으로 추슬러
한 편의 시집 펴는 살빛 꿈꾸며

온몸이 뜨거워지도록
참선의 길 걸어왔습니다.

매듭 풀기

거치른 벌판 건너면서
눈시울 뜨거운 일, 눈살 찌푸린 일
얼마나 많았던가

"때린 놈은 발 움츠리고 자고
맞은 자는 두 다리 펴고 잔다"고 하지만
정작 편 다리보다 더 아픈 멍울이
가슴 깊이에서 가시처럼 자란다.

용서는 용서를 받음보다
내 맘 속에 매듭을 먼저 풀어
흐르는 강물에 담그면 아늑해지지만
용서를 못함은
성난 파도에 갇혀 스스로 섬이 되고 만다.

못 잊을 상처일지라도
묶인 매듭을 밖에서 풀려 하지 말고
안에서 스스로 풀면
멍든 그 자국에서 더운김이 오르며
마음에 엉킨 맺국 저절로 지워지리.

함박눈은 상처 받지 않고

지상에 사푼히 내려 앉으려
허공에서 한 발짝씩 수만 번 머뭇거린다.

저문 날

조개 껍질을 까는데
단단한 조가비 입 앙다물고
좀처럼 열어 주지 않는다.

용틀임하는 칼끝에 찔린
난생 처음 입은 상처,
오목한 대야에
선홍빛 흥건히 번진다.

칠흑의 뻘밭에서
거센 썰물도 밀물도 다 비켜 보내고
수많은 나날 별빛을 새겨 넣으며
말갛게 여무는 속살이었는데
순식간에,
갑옷이 찢긴 채
푸른 물빛 비린 내음 엎질러지고

물새울음 가득한 흰 속살
오래도록 간직해온 신음을
껍질 밖으로 토해내는
이 허무

꽃들은 비로소
꽃잎이 지는 아픔으로
사랑의 불씨 지피는 법을 배운다.

화로

산허리 휘몰고 온 찬 바람에
문풍지 부르르 떠는 계절이 오면
나는 무쇠로 된 그릇이고 싶다
작지만 은은한 훈기 풍기는
어머니의 가슴이고 싶다.

할머니의 할머니의 할머니
할머니의 눈망울 같은 혼불이
따스한 손길로 정을 비벼 주며
식은 재 속에서 밤을 지새운다.

저녁 연기 곱게 피어나고
살아 숨쉬는 불똥을 그릇에 담아서
오랜 세월 함께한 허기처럼 다독이다.

온갖 풍상 이겨낸 백자 항아리
굽은 등 뒤척이다 잠 못 이루고
세월의 마디마디 마른 손등에
스민 한기를 녹이신다.

종다리 보리피리 불 때까지
아직 불씨 묻어둔 그릇이고 싶다

뼈꼴 곱게 구어진 백자 곁에 앉아
긴 겨울밤, 군밤처럼 구수한 옛이야기
구어 내고 싶다.

내 온몸에 번진 신열로
벽을 뚫을 듯한, 바튼 기침도 삭힐
잿빛 어두운 밤 살아있는 불씨를 안은
어머니 같은 가슴이고 싶다.

절벽

붉은 누에가 갉아먹던 뽕잎 대신
며칠째 산소 호흡기에 의존하여
자다 깨다 이승과 저승의 벽을 넘나들더니
달도 잠든 호수처럼 잔잔해지고

태풍에 뿌리 뽑힌 나무는
수액이 다 말라든 듯
촛불 켜고 나무통 속 기어들며
어렴풋이 손짓하네

못다 바친 눈물은 어쩌라고
끈끈한 핏줄, 모든 인연의 끈을 놓고
저녁 늦은 귀갓길 지켜주던 별들도
우편함에 쌓인 모임의 알림장도 그대로 둔 채
모든 걸 다 내려놓은 알몸으로
산등성이 낮은 지붕 앞
돌기둥에 문패를 달고,

아직 맑은 햇살이
서산마루에 숨결 적시고 있는데
제 몸 속살 뽑아 집을 다 지었을까
하얀 보자기 뒤집어쓰고
생살 쭈그리며 숨이 멎어가는 누에.

시어詩語 찾기

잘못 쓰여진 시어를 골라
몇 번이고 지우고, 다시 쓰고
또 지우고 나면 다시 내게로 와
길을 막는 때가 있다.

몇 날을, 때로는 몇 년씩
파도에 다듬어진 조약돌만 골랐어도
맑은 햇살에 비쳐 보면
핏기 없는 돌멩이에 지나지 않아
돌부리에 발길 채인 아픔도 있다.

풀섶에 알 낳은 새들의 숨결처럼
가슴을 앓으며 핀 여린 들꽃처럼
아침 햇살에도 몸 추스르며
갈고 닦아 세상 밖에
새 생명으로
구르는 구슬이기 위해

금이 간 한 돌이라도 지울 때는
허물을 지우기보다 더 힘이 들어
붉은 색으로 밑줄 그어두고
물끄러미 먼 산을 바라본다.

풀리지 않은 물음표 물고
산노루처럼 온 산속을 헤맨다
지워질 붉은 그 자리에
초록떡잎 솟을 때까지

붉은 누에
- 종묘공원숲 노인들

넉잠을 잔 누에들이
도란도란 모여 앉아
저마다 세상의 쓴 소리 갉아대며
지줄거리고 있다.

얼마나 헐떡이며 넘어온 고개였기에
가뭄에 할퀸 논바닥처럼
이마에 파인 세월의 흔적들이
상처로 찍혀 있는가

길게 쉬어 본 적 없이 고난을 베고 누운 벤치
질긴 핏줄도 힘이 잔뜩 들어간 곁눈질에 떠밀려
밀물처럼 날마다 찾아 오지만
쉬어가기도 버거운 마디마디를
햇살이 고궁에 머문 옛 숨결을 만지는 듯
해찰 부리며 어루만져 주고 있다.

뒤돌아본 초록빛 뽕밭,
거친 비바람에 얼룩진 응어리들
눈부신 명주실 토해 내기 힘들었어도
때로는 살맛 난 젊은 날의 날갯짓

헌옷 태워버리듯 마음 사르어 비워낸다.

지금은
뽕잎 다 진 빈 가지에 매달려
저녁노을 조용히 맞이할 때

잃어버린 계절

프로야구 정기 시즌이 끝나
텅 빈 야구장 관중석 의자 밑에
누군가가 잊고 간 야구공 하나,
밤이슬에 아린 속내 씻어내고 있다.

모난 돌이 아니었는 데도
온몸에 멍 투성이가 된 채
펜스를 아찔하게 넘을 땐
해탈하는 구도자 표정으로
진동하는 함성소리를 작은 몸 속에
빼곡히 새겨 두었다.

얻어 맞을 적마다
때린 배트도 쨍 하며
더 아파 울던 소리는
피멍의 깊이를 함께 울어주며
맞는 자의 아픔을 껴안은 비명이다.

그래, 얼마나 많은 고통을 받았을까?
최후의 승부 9회 말까지
모진 매 무수히 맞고야
마지막 공이 하늘 높이 솟구치면서

저 높은 곳을 향한 혈투는 끝이 났다.

이젠, 머언 하늘로 훨훨 날고픈
꿈을 접은 날개 없는 백구,
눈발 내릴 듯한 시린 하늘 끌어내려
조용히 깊은 동면에 빠져든다.

손톱

선악과를 따먹은 죄로
유전자 세포가 손가락 끝에
삐쳐 나와
거칠게 웃자라 있다.

칼날을 세우고
바람 센 창공을 솔개가 날면
숲 속은 순식간 긴장에 휩싸인다.

푸른 나뭇잎에 몸을 숨기고
스치는 바람 소리에도 움츠리며
숨죽이는 눈망울들,

숨겨진 검은 갈퀴를
쓰다듬고 다독여 자르고 나면
한동안은
연초록의 물결이 잔잔히 흐른다.

클래식 기타를 연주하는 사람
왼손 손톱은 짧게
오른손 손톱은 길게 기른다
선이 더 맑게 울리려 함이다.

늘, 문살을 뜯어내려는 허욕
아찔한 벽 타기 하기 전에
숨겨진 검은 야욕 벗겨 태우고
속마음 훤히 보이는
새옷으로 갈아입힌다.

어머니의 다리

곤히 잠든 별들
아직 떠날 채비도 않은데
꼭두새벽부터 서성이시며
혼자만이 쫓기는 삼백육십오일,

미화원 아빠는 4시엔가 일터로,
초록빛 두 딸은 달님에 붙들려
늘, 엄마가 등짝 떠미는 등굣길

달그락거렸던 그릇들이 눈짓해도
사내놈 부엌일에 고추 떨어진다는
할머니의 지엄하심에,
내 팔다리는
무쇠인가 하시던 모습
진종일 가슴을 떠나지 아니하네

도우미 나가기 전
커피 한 잔에 시름 털어내려는데
텔레비전 뉴스에 또 다리 부서지는 소리
그만 가슴이 철렁 내려 앉는다.

햇살 거둔 뒤, 골목길 어둠 따라

하나 둘 되돌아오는 내 다리들 고마워
부었던 다리통도 가슴 뛰는 통증도
그제서야 다 내려놓으시네.

건너야 할 넓은 초원
통통 부은 다리 속살까지 아릴까
진동 안마기 사 들고 귀가하는 아들
어머니 눈가엔 보랏빛 이슬이 맺히네.

가약佳約

우리
투명한 거울을 마주보고
서로의 참 모습으로 지켜봐요

서로
마음을 비우고
부족함이 무엇인가 찾아
빈 가슴을 채워주어 봐요

이젠
누가 뭐래도
눈빛만 보아도
속마음 다 알 수 있어요

그래
둘이서 하나되는 믿음
어떤 경우도 끈을 놓지 말고
맑은 물에 발 담그고
혼신의 힘으로 살아가요

그저
이 세상 같이 떠나기 전에

안녕이란 말 하지 말고
질기게 비벼대며
서로를 안고 가는 세월 펼쳐가요

거목巨木
– 아버지

아담한 정원
한가운데
서늘한 그늘을 드려주고
자나깨나 솔향기 뿌려대던
가지 많은 소나무

긴 세월 거센 폭풍우 이겨오다
간밤 내리치는 낙뢰 삼켜내지 못하고
온몸 상채기인 채 바스러져
지붕위로 비스듬히 눕고 말았다
아수라장이 된 뜰.

솔잎에 머물던 텃새들
못 다한 말 마디마디 울음이 엉켜
거실 중앙에 모여 마음 조이고
무거운 짐 삭이던 탁자 위 커피잔엔
끈적한 눈물이 넘친다.

빈 의자에 남은 얼룩
붉은 육즙肉汁 다 쏟아
마른 솔 향내로 남겨두시고

별나라로 편히 쉬러 가는 하늘길

온몸으로 몸부림치며
쏟아내는 빗줄기 강물을 이루고
앙상한 가지에서 링거를 뽑는다.

얼마나 좋을까
– K에게

낙타 등허리에 잠긴
모래바람 같은 고적함 깨어내
등불을 켜 들고 함께 걸을
단 한 사람, 손을 꼭 잡아줄
그 사람이 바로
너였으면…

밤하늘에 별을 찾는 눈빛으로
재 속에 묻힌 은은한 화롯불로
늘 곁에서
시린 손목 비벼주며
어깻죽지 다독여줄 길동무가 바로
너였으면…

네 눈망울 같은
이슬 젖은 풀섶향기 함께 맡으며
오솔길에 번지는 노을빛 쓸어안고
마지막 발자국 남길
그 사람이
바로 너였으면…

가을 산길 떠나기 아쉬워
마지막으로 매달린 가랑잎같이
가슴 아리게 한
단 한 사람이
바로 너였으면…

그 사람이 바로 너였으면

노란 자리 빼앗긴 도자기

한때는 사자라도 거머쥐었던 손
넘어지면 바스러지랴
소중히 간직하려 마련된 자리.

봄 햇살 피어 오르는
싱그러운 꽃들이 바위처럼 앉아
고개 숙인 채 졸고 있네

요동치며 흔들릴 때마다
뼈마디마다 쑤셔
쓰러지지 않으려 기를 써본다.

노란색 '노약자 석'도 모르는 돌덩이
이리 놓이면 안 되는데, 눈빛 아는지
눈길은 아예 창 밖으로 나가 버린다.

그 옛날엔 하늘에 별도 따왔지!

뿌리 뽑힌 나무토막 같은 오늘
주머니 비어 버스 타게 된 오늘
모두들 눈맞춤 피해 가는 오늘

목이 말라 목이 길어진 당신
냉가슴에 가슴이 얇아진 당신
눈치 코치에 키가 줄어든 당신

언젠가는 누구라도 겪을 일인 데도
세월 앞에 거추장스러운 물건쯤으로

에라,
불평 없이 맞아주는 소나무 찾아
서로의 외로운 가슴을 비벼대며
해맞이 달맞이로 마음 적시면
오늘을 끌고 흘러가는 흰구름 한 점
먼 산 돌아온 바람의 말 새겨
하얀 미소 지어주네

불꽃 심지

사람은 누구에게나
대장간 불바다 같은 불꽃과
제일 추운 빙하가
동거하고 있다.

불과 얼음이 함께 날 선 가슴
불길로 다 태워버리기도 하고
한 순간에 뉴보라 치는 빙판이
되기도 한다.

그러기에
사람들은 언제나
봄 햇살에 정분 나는 꽃잎처럼
수많은 별을 품고 보랏빛 꿈을 꾼다.

때로는 사소한 말꼬투리로
등 돌리고 누운 긴 밤들
등골에 대관령 동태바람 스미고
입술엔 성에가 가득 끼지만

이불 걷어차고 몇 밤을 참아내며
설익은 풋내로 엉켜붙은 반점들도

심지에 불꽃을 지피면
봄 꽃샘추위이었던 듯
무수한 꽃망울이 타오른다.

용서

치 받혀
쌓인 피멍이
칼날을 세우고

허공에
내뱉은 분노로
별도 파르르 떤다.

세상사
손끝에 잡힌 대로
못질한 게 아니라는

새벽
종소리에
찔린 가시 뽑고

더 깊게
사랑의 여린 햇살
일궈내

일곱 번씩
일흔번을 빚어※

저토록 고운 노을빛

※ 마태복음 제18장 21~22절 :
베드로가 나아와 이르되 주여 형제가
내게 죄를 범하면 몇 번이나 용서하여
주리이까 일곱 번까지 하오리이까
예수께서 이르시되 네게 이르노니 일곱 번뿐
아니라 일곱 번을 일흔 번까지라도 할지니라

거울 앞에서

너와 나
티 하나
거짓 없는 알몸으로

내일을
투명하게
햇살에 펼쳐 말려

한 생애
함께 보듬을
등짐을 꾸려 매자

찔레꽃
하얀 향기
가슴에 서로 담고

잘 영근
수수목처럼
낮은 곳 내려보며

해맑은
꽃구름으로
가을 하늘에 뜨자

빨래

햇살 고운 날
찌든 때를 빼려고

빨고 헹구고 또 빨아
삶의 고단한 속진俗塵 지워

앞뜰에
거꾸로 매달려
하얀 마음 펴 보이네

맨 살 온몸으로
마른 햇살에 여미어

그대 앞에 당당히
백합으로 다시 피어나

한 목숨
다 사윌 때까지
속살 비벼대는 꽃잎의 몸짓

모진 독백
– 다듬이질

시리도록
맞고 맞아도
희어지고
바래질 때까진

구김 없는
무욕의 길
끝끝내 펼치지 못해

이만큼
허물어져도
내 구김살 언제 다 펴질까

작품해설

時空을 초월한 순애보

黃 松 文

詩人 • 선문대 명예교수

러시아 속담에 "천국일지라도 혼자서 살려면 견디기 힘들 것이다."는 말이 있다. 김원명 시인의 경우, 자식도 있고 며느리 손자도 있어서 외롭지 않을 것 같은데, 부인을 잃은 삶이란 사막의 나그네처럼 쓸쓸하기 이를 데 없이 처절해 보인다.

김원명 시인은 자나깨나 타계한 부인 생각뿐이다. 그리고 하는 일이란 오로지 부인을 향한 시어詩語의 직조다. 시어로써 부인을 그리는 창작행위 이외에는 별로 의미가 없다고 생각하는 것 같다. 오로지 일편단심 부인 생각뿐이다. 저러다가 먼저 간 부인의 뒤를 따라 죽으면 어쩌나 하고 겁부터 덜컥 날 정도이니 본인은 얼마나 상심이 크겠는가.

그는 이 세상에서 가장 아름다운 시어로 부인을 그리고, 기억을 사로잡아서 형상화하는 것을 유일한 낙으로 삼는다. "외로움을 강하게 느낀다는 것은 그와 비례해서 정신력이 강하다는 뜻이다. 정신력이 약한 사람은 깊은 고독을 모른다."고 김형석 교수는 일찍이 갈파했다.

입센도 이와 비슷한 말을 했다. 이 세상에서 가장 강한 인간이란 고독하고 다만 혼자서 사는 자다."라고. "고독이란 우리들의 마음속에서 죽어버린 것들이 사는 무덤"이라고 한 레니에의 말과는 달리, 쇼펜하우어는 "고독은 뛰어난 정신을 가진 사람의 운명이다."라고 했다.

아무튼 레니에의 말대로 김원명 시인이 고독한 삶 속에서도 시작생활을 영위하는 것은 과거의 많은 추억 가운데에서 마치 사리를 찾아내듯이 부인과 함께 했던 추억을 찾아내어 위로받으며 도취해 실기 때문이다.

한용운 시인이 「님의 침묵」에서 "님은 갔지마는 나는 님을 보내지 아니하였습니다." 하고 읊었듯이, 김원명 시인은 부인께서 이승을 떠났지만 지금까지도 보내지 않고 있는 것이다. 아니 어쩌면 보내지 못하고 있는 지도 모른다. 이승이건 저승이건 상관없이 그에게 있어서는 부인과 함께하지 않는 삶이란 의미가 없는 것이다.

여기에서 시는 영매라고는 할 수 없지만 그와 흡사한 상징적 기능을 하는 것으로 볼 수 있다. 바쉴라르가 말한 바와 같이 시란 순간의 형이상학이기 때문이다. 비록 관념세계이기는 하지만 그래도 시를 통해서 자유롭게 호흡하고 동거한다고 볼 수 있기 때문이다.

여기에서 비로소 관념세계에서나마 안심입명이 이루어진다.

구들장이 되어
당신의 방에 놓이리

그대 지친 몸 누우면
굽어진 등 풀리도록
언제나 편안한 등받이가 되리

삭신이 쑤시고 저릴 때
이리 저리 뒤척이면서도
편안한 잠 깊이 들게 하리

당신을 위해서
생 솔가지 아궁이에 지필 때
연기와 불길을 삼키며
눈물 아니 흘리고 견디리

눈보라치는 겨울날
불의 말 한 마디
시린 손발 녹이도록
아랫목 따스하게 달구리

- 「불의 말」 전문 -

시의 제목부터 의미하는 바와 같이 아내에게 향하는 배려가 내비치는 시이다. 아내가 편히 잠을 잘 수 있도록 구들장이 되어 주고, 엄동설한에도 손발을 녹

일 수 있도록 아랫목을 따스하게 달구겠다는 배려가 내비치고 있다. 이 시를 보면 부인께서는 생전에 삭신이 쑤시는 병고로 인해 편한 잠을 제대로 이루지 못한 것 같다. 시인은 그게 안쓰러워서 아내가 편히 잠들 수 있도록 편안한 등받이가 되어 주겠다는 것이다.

가령 엄동설한에는 생솔가지를 아궁이에 불 지필 때 그 매캐한 연기는 눈물이 나더라도 기꺼이 감내하겠다는 얘기다. 여기에서 '눈물'의 의미는 생솔가지에서 비롯된 생리적인 눈물과 생전에 아내에게 진 빚을 갚기 위해 기꺼이 감내하지 않으면 안 되는 심정적인 '눈물'이라는 이중적 입체성이 교차한다.

축 늘어져 잘 채워지지 않은 단추
다시 바르게 달고 있을 때,
아내가 꽃몽오리처럼 매달아주고
좀 슬은 자국도 촘촘히 꿰매주었다.

언제나 젖은 목소리로 다가와
질퍽한 어두움도 무거운 등짐도 함께라며
켜켜이 구겨진 가슴도 맑게 닦아주던
아침 햇살 같은 모란의 눈빛.

해진 옷자락을
꿰맬까 버릴까 한참이나 망설이다
그가 남긴 바늘로 파란 하늘 콕 찌르고
실타래 찾아보지만
짓물러진 꽃자국은 기울 수가 없다.

꿰맬 수 없어도 버리지는 못해
막막한 하루하루가
진창 같은 늪이라도 건너야 하는
나의 바느질은 아직 끝나지 않았다.

달무리 천장에 매달린 차디찬 밤바다
하늘에 핀 긴한 말, 멍울멍울 꿰매 들고
내 바늘에 찔린 은하 너머 별을 찾아
남겨둔 실 꾸러미 온몸에서 풀어내어
당신께 가는 길을 깁고 있다.

- 「바느질」 전문 -

아내가 하던 바느질을 남편이 하고 있다. 아내는 이미 저승으로 가있고, 남편은 아내가 가 있는 저승으로 가기 위해서 저승 가는 길을 깁고 있다고 한다. 몸은 이승에 있으나 마음은 이미 아내에게 가있다. 그리고 시간이 흐를수록 아내 곁으로 가게 되는 상봉의 기대감에 초점이 모아져 있다.

그의 시 「불의 말」과 「바느질」이 아내에게 향하는 순애보라면, 이제 살펴보게 될 시 「3번아 5번 찾지 말고」는 비정한 현실을 풍자한 작품이라 하겠다. 아들의 휴대전화에 매겨진 순위에는 손자, 며느리, 아들 다음으로 애완견이 4번으로 매겨져 있는데, 시인은 애완견보다도 못한 5번이라는 얘기다.

결국 고향으로 쫓겨 가는 신세가 되어 돌덩이보다 무거운 발걸음을 옮기는 것으로 되어 있다. 처절한 소외의식에서 오는 장탄식이 이를 데 없는 작품이다. 이는 한 가정사를 통해서 사회 세태를 풍자한 셈이 되기도 한다.

아들놈 휴대전화의 은어隱語들
그 암호를 해독하는 순간에
눈물은 주식主食이 되었다.

1번은 손자, 2번은 며느리, 3번은 아들,
그리고 4번은 애완견,
나는 애완견 보다 못한 5번이었다.

끝내는 아들 내외가
산 좋고, 물 좋고, 인심도 좋은
시골 고향 살이 어떠시겠느냐고
낙향을 유인하는 것이 아닌가!

그래 그게 답이라면 떠나야지 하고
편지 한 장 남기고 길을 나섰다

3번아, 5번 찾지 말고 잘 살아라
5번이 3번 너를 배 아파서 낳고,
가슴에 싸서 1번처럼 길렀건만,
애완견만도 못하게 밀려난단 말이냐

뻐꾸기는
어미도 모른다고 하지만

고향 가는 길
마을 앞 회관을 지날 적에
먼산 보며 할미꽃이 묻거든
무어라 대답해야 하느냐

그저 고향이 좋아서 왔다고
눈길을 피해 얼굴을 돌리는데
남루한 옷자락이 바람결에 떨린다.

돌덩이보다 무거운 발길이
수렁논 소처럼 더듬거려진다.

-「3번아 5번 찾지 말고」-

현대의 고려장이라 할 수 있는 작품이다. 아버지나 어머니를 제주도 효도관광을 보냈다가 버린 자식이 있는가 하면, 보험금을 노리고 부모를 살해한 패륜아가 세인의 이목을 끄는 현실이다. 그는 이런 사회 현실을 개탄스럽게 여긴 나머지 작품으로 형상화한 것 같다.

당이나 독재자에 충성하기 위해서 부모를 밀고하는 자식이 있는가 하면, 보험금을 타먹기 위해서 아비나 어미를 살해하는 자식도 있다. 한 쪽은 이데올로기에 눈이 멀어 혈육을 고발함으로써 죽음으로 내모는 부도덕을 저지르는 사회라면, 다른 한쪽은 돈의 노예가 되어 혈육도 말살하는 우를 범하는 이가 존재하는 현실이다.

위의 시는 이러한 몰상식한 사회 현실을 단적으로 표현한 사회의 축도라 하겠다. 그것은 자본주의 사회의 병폐를 처절하게 풍자하고 있어서 우리들 스스로를 돌아보게 하는 자성의 기회도 주게 될 것이다.

혹자는 이 시가 지은이의 신변잡사가 아닌가 하고 의아해 할지도 모른다. 그러나 그의 신변은 이 시와 무관하다. 그의 1남 2녀 자녀들은 효성이 지극한 모범을 보이고 있기 때문이다.

끝이라 말하지 말자.

너와 내가
보랏빛 숲길로 놓은 철길
고향집 저녁연기 같은 몸짓으로
노을빛 들녘을 달리다

창공으로 훨훨 날고파
파랑새가 되려는 너를 위해
너를 위하여,

나, 여기
어느 산모퉁이 지난 빈터
이정표 표석처럼
지체 부자유자가 된 채
남은 길
잘 가! 잘 가라며
안녕을 빈다.

때때로 어디에선가
바람결에 실려 온
노란 탱자 내음 같은
너의 향기에
네 압핀 자국 아물 겨를 없이
자꾸만 시린 이슬이 맺힌다.

누구 하나
내리지도 타는 이도 없지만
언제까지나 이곳
하얀 탱자나무 가지에 앉아
처음처럼, 영원처럼
늘, 기다림에 목이 길어진
한 마리의 새란다.

-「간이역」-

이 시「간이역」은 '너를 보내며'라는 부제가 붙은 대로 '기다림'의 대명사 같은 사물이다. 결말에서 집약적으로 보여준 대로 김원명 시인은 '기다림에 목이 길어진 한 마리의 새'인 것이다. 하늘을 자유롭게 나는 새인 동시에 저승까지도 찾아가고자하는 새인 것이다. 시인은 죽어서 파랑새가 된다는데, 여기에서의 파랑새 역시 그것과 궤를 같이 한다. 기다림과 그리움으로 점철되어 있기 때문이다.

여기에서 간과할 수 없는 것은 "끝이라 말하지 말라."는 첫구절이다. 그는 어떤 경우에 처할지라도 종명을 거부한다. 특히 부인과의 종명을 받아들이지 않는다. 영원히 함께하는 종교적 상상력이 그의 시에스프리를 건강하게 한다.

노을 진 언덕 길,
어디론가 끌고 가는 수레바퀴는
병원 소독내로 가득했다.

몇 년째
몸에 새 길을 내는
혈압약, 당뇨약, 소화제가 한 보따리
몸부림 재우기 위한 수면제도 수십 알…

알약을 한 움큼 삼키고 누우니
천장에 지난날의 발자국들이
별무늬 눈물처럼 아른거린다.

- 「동행 3」 전반부 -

산마루 휘감다
돌아가던 햇살이
하루의 끝자락을 어슴푸레 내려
참새들도 짝을 지어 제집 찾아 든다.

밥상머리
빈자리 채워 줄 수 없는
텅 비어 있는 서울 하늘 밑,
창살에 묻은 노을이야
늘, 한잔 술로 지우고

어둠 속 깜깜함이야
촛불이라도 켜 그만이었지만
세상을 다 준들, 아무도
대신할 수 없는 세월 아니던가!

매미허물처럼
벗고 간 행주치마, 아직도
찬장에 뎅그머니 걸린 채
지금도 미처 못 다한 그리움 젖어
노을빛 만작이다
서서히 사그라든 뒤

이 세상에
딱, 한 사람이었던
그 행주치마 두르려다가
그만, 핑 도는 눈물에
밥내음도 창밖으로 내보내고
어디에 떴나
별을 찾는 이 밤
온몸이 아리다.

먼 훗날,
우리 다시 만나거든
내 맨 먼저 말하리다. 숨막히게
더는 견딜 수 없어서
나 여기에 왔노라고.

- 「저녁 연가」 전문 -

앞의 「동행 3」과 뒤의 「저녁 연가」는 모두 그리움 끝의 해후를 예견하고 있다. 부부가 함께 사는 동안에 사용하던 물건들을 접하는 순간, 연상되는 추억의 잔상에서 충격을 받는다. 여기에서 관심이 가는 사물들을 펼쳐보면 혈압약, 당뇨약, 소화제, 수면제, 눈물, 참새, 밥상머리, 빈 자리, 노을, 술, 촛불, 행주치마, 밥내음 등이 보인다. 「저녁 연가」 결말에 더는 견딜 수 없어 나 여기에 왔노라고. 이승과 저승 사이의 끊긴 인연을 다시 잇고자 하는 절대해후의 願望空間을 펼쳐 보여주고 있다.

이 세상에
딱, 한 사람이었던
그 행주치마 두르려다가
그만, 핑 도는 눈물에
밥내음도 창밖으로 내보내고
어디에 떴나
별을 찾는 이 밤
온몸이 아리다.

여기에서 '별'은 하늘나라 동경의 대상이면서도 바로 아스라이 먼 저승의 아내를 가리키기도 한다. 멀리 있기 때문에 더욱 그리운 존재로 자리를 잡는다. 그는 오로지 한 사람밖에 모른다. 아내가 떠나간 뒤 아내가 하던 일을 대신할 수밖에 없게 되었다. 밥 짓고, 설거지 하는 여기에 따르는 게 '행주치마'다. 그 행주치마에는 아내의 생전의 체취가 스며있다. 그러니까 그 아내의 행주치마를 자기 허리에 두르려다가도 눈물이 핑 돌 수 밖에 없게 된다.

창밖의 별을 찾는 행위는 바로 아내를 찾는 행위가 된다. 그리고 저승의 부인을 만나게 되면 간직해 두었던 한 마디의 말을 하겠다는 의지를 내비친다. 아내를 만나게 되면 "더는 견딜 수 없어서 나 여기에 왔노라고."

저 세상 가서도 당신은
행간을 헤매고 있는
내 끼니, 걱정하는가 보구려

별무늬 세다 어렵사리 든 잠결에
싸그락 싸그락 쌀 씻는 소리,
오죽이나 걱정이 되었으면
새벽이슬 젖으며 달려왔을까

산밑, 밭두렁 이팝나무
아침햇살 빌어다 불 지펴
막 지어낸 하얀 쌀밥 한 그릇
세월 저편에 당신이 간절합니다.

돌아온 봄은
마른 가지에 불꽃을 켜건만
그리운 눈빛은 비켜가는 건지
기다림으로 피울 꽃등이 없습니다.

제 살점을 허물며 보낸 세월
저 세상으로 여행 떠나기 전까지는
끊임없이 출렁이는 파도
늘 가슴 깊은 곳에까지 밀려와도
그 어디에 그림자도 없고
저 멀리 떠가는 흰 구름 한 점

-「이팝나무 곁에서」-

고인이 된 아내와의 동거가 노정되고 있다. 일상 속에서 동고동락한 생활 속의 사연들, 그리고 해후상봉의 바람이 주조를 이루고 있다. 저승으로 간 아내가 쌀을 씻으며 밥을 짓는 행위의 착시현상이 나타나고 있다. 그는 위로를 받다가도 현실의식으로 돌아오면 마음 둘 곳 없어 떠가는 흰 구름처럼 정처 없음을 나타내고 있는 것이다.

진종일 시詩밭에 쏘다니다
어두움이 탱탱하게 당기는 저녁 길,

쌀통에서
딱, 한 끼니만큼의
모래 알 같은 쌀을 퍼
쿠쿠에 넣고
뻐꾸기 울기만을 기다리는데
서쪽 하늘 개밥바라기
오래도록 몸에 배어있는 허기를
그윽한 눈길로 내려 보고 있다.

언젠가 꼭 다시 만나야 하는
우리, 빈 둥지에 그리움만 가득한 채
한 번도 붙이지 못해 쌓아둔
억새꽃 손짓 같은 수많은 시詩
오늘밤은
그 시를 가득 끌어안고 은하를 건너는
한척의 배이고 싶다.

끝내는 빛으로
너를 찾아가는 별이고 싶다.

-「저녁밥을 지으며」 전문 -

김원명 시인의 아내 없는 삶이란 처절하기 이를 데 없다. 여기에서 독자들은 측은지심을 발동할 것이다. 그러나 역설적이게도 그는 불행한 사람이 아니다. 행복한 시인이다. 절대행복의 시인은 아니라 할지라도 상대적으로 비교적 행복한 시인에 속할 수는 있다. 그의 부인은 영계에 있지만 행복한 여인이고, 그도 고독하게 혼자 살지만 마음 둘 곳이 있으니 행복한 시인이라고 할 수 있을 것이다. 그리워하고 만나고자 하는 대상이 있기 때문이다.

영결종천永訣終天은 누구나 겪는 일이다. 이 신의 보편적 섭리를 긍정적으로 받아들인다면 이 두 부부는 행복한 부부의 반열에 들게 된다. 더욱이 이 한 권의 시집을 통해서 삶의 흔적을 지상에 남기는 동시에 아름다운 言語(詩語)를 영원히 등기한다고 보게 될 때

불행한 사람이라 단정할 수는 없다. 로랭생의 작품 「가엾은 여자」에 비춰보게 될 때 이 두 부부는 이 시집을 매개로 행복한 순애보로 시공을 초월하므로 웃으면서 눈감을 수 있겠고, 감격스럽게 만날 수 있다고 보기 때문이다.

그 바람이 실제로 이뤄지고 이루지지 않고는 둘째 문제이다. 그것은 어디까지나 신의 영역이다. 그 희망 달성 여부는 신의 관할이므로 인간은 최선을 다할 뿐이다. 인간이 후회 없이 살았을 때 신 앞에서도 떳떳이 주장할 수 있지 않겠는가.

김원명 시인은 저녁밥을 지으면서 아내가 그윽한 눈길로 내려 보는 느낌을 감촉한다. 그동안 아내를 중심으로 썼던 시편들을 가득 끌어안고 은하를 건너는 한척의 배이고 싶다거나 아내를 찾아가는 별이고 싶다고 했는데, 이는 결국 해후상봉邂逅相逢의 바람을 나타낸다. 그것은 옛날 어느 무명씨가 남긴 시조가락 같은 성격의 것이기도 하다.

이별이 불이 되니 간장이 타노매라
눈물이 비가 되니 끌 듯도 하건마는
한숨이 바람이 되니 끌 동 말 동 하여라.

김원명 시집 **모란을 찾아서**

초판인쇄 2010년 5월 7일
초판발행 2010년 5월 12일
지 은 이 김원명
발 행 인 황송문
펴 낸 곳 문학사계
주 소 서울특별시 영등포구 문래6가 56-1
미주프라자 B1 102호
전 화 070-8845-9759
(016)561-5773
팩 스 (02)2637-9759
이 메 일 songmoon12@hanmail.net
등 록 2005년 9월 20일
제318-2007-000001호

값 7,000원
ISBN 978-89-93768-17-6 03810

배포처 자유문고 (02)2637-8988